金足農 雑草魂の奇跡

高校野球番記者有志の会

青志社

金足農　雑草魂の奇跡

目次

全力校歌!

準決勝日大三高戦で、第100回全国高校野球選手権大会初の決勝進出を決めた。ひたむきな姿勢で、大声で歌う全力校歌。このシーンも今大会で話題になった（8月20日甲子園球場）。

1章 吉田輝星の881球

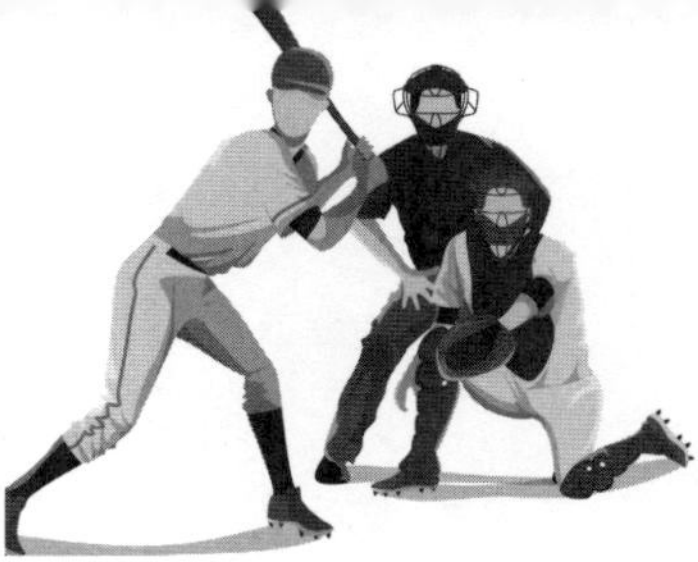

2章 吉田輝星、笑いと涙の感動物語

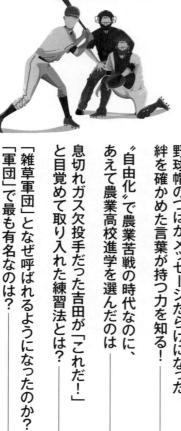

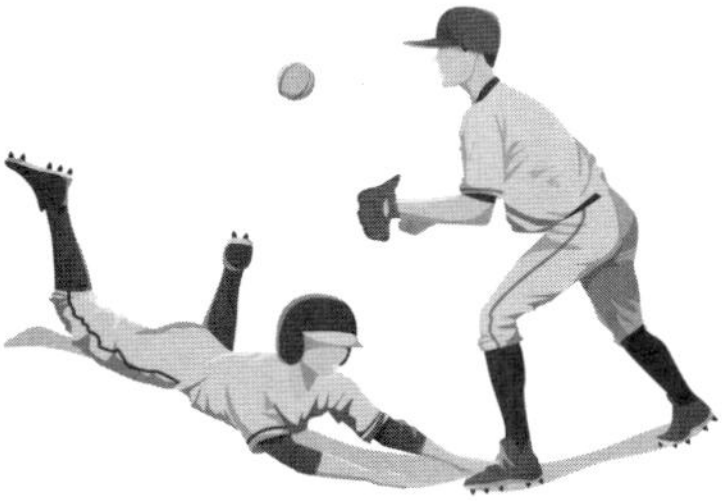

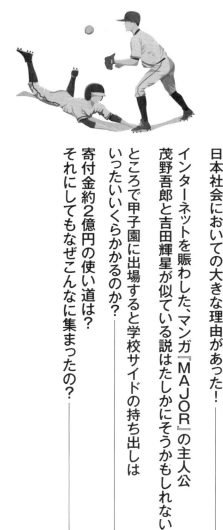

3章

金足農業高校の秘密

4章 金足農効果と秋田の人と文化

5章

吉田輝星が目指す先！

装丁

岩瀬　聡

1章 吉田輝星の881球

甲子園大会前までの吉田投手の評判はどれくらいだったの？スポーツ記者はどう見ていたか

１００回目の記念大会となった夏の甲子園大会で秋田県代表校・金足農業高校は、試合を重ね、勝ち上がるたびに注目を浴び、またたく間に旋風を巻き起こした。主役は決勝戦までの６試合で８８１球を投じたエースの吉田輝星《こうせい》投手だ。「こんな凄いピッチャーが秋田にいたのか」と日本中が大フィーバーしたが、ここに至るまで、相当厳しい思いをしながらチームを支えてきた。

秋田大会では、アマチュアスポーツ担当の新聞記者や、高校野球を専門に取材するフリージャーナリストたちは、「おそらく右ピッチャーでは大会ナンバー1では」と見ていたが、チームの総合力からして秋田大会の決勝戦まで勝ち上がるのは難しいと予想していた。春のセンバツ大会に21世紀枠で出場した由利工が順調な仕上がりを見せていた。試合巧者で昨夏の代表校・明桜も故障者が復帰し、強力な打線を編成して金足農の前に立ちふさがる。決勝の相手は、予想通り明桜で「吉田対明桜の強力打線」というガチンコの勝負になった。「甲子園を経験した選手が残っている明桜がやや有利」との声のほうが多かったが、直近の地区予選、県大会での直接対決では金足農が勝っていた。結果は２－０で吉田が明桜をねじ伏せた。金足農と吉田は無限大の伸びしろを秘め、試合を積み重ねながら、強く、逞しくなっていったが、私立の強豪を次々に倒していく甲子園での健闘までは、誰も予想できなかったというのが、正直な感想だ。

この頃はまだ、プロのスカウトたちも吉田の力量を図りかねていた。金足農は春夏合わせて9回目、11年ぶりの甲子園出場となり、秋田県では強豪校として名を馳せているものの、2007年以降は予選で敗退しており、吉田もまだ全国区の強豪校と対戦したことがなかった。

彼の戦歴だが、一年生夏から控え投手としてすでにベンチ入りを果たしている。大会主催者の朝日新聞社が発行した大会プログラムによれば、今夏の部員数は50名と書かれていた。毎年、これだけの部員数を確保している学校で、一年生秋から事実上のエースとしてチームを支えてきた吉田の潜在能力は相当なものだった。二年生夏には10年ぶりとなる県決勝進出を果たしたが、強豪私立の明桜に打ち崩され6回途中でマウンドを降り、チームは準優勝で終わった。6戦中5試合で先発を務め、4完投。37回3分の2を投げ、37奪三振。このあたりから一目置かれるようになった。

「甲子園に行けなかったことや、途中降板の悔しさをバネに炎天下のグラウンドで必死に練習していました」

学校関係者たちは口をそろえてそう語っていた。

三年生が引退し、吉田たちの代が最年長となる新チームが始動した。

最初の公式大会は２０１７年秋季地区大会ということになるが、これはオールトーナメントの一本勝負の夏の選手権とは違い、都道府県によって方法が異なるのが特徴だ。しかも、地域によって開催時期も１カ月以上も変わってくる。

秋田県の場合は大館市や能代市などの県北地区、金足農をはじめ秋田市内勢の中央地区や大曲市、角館市、横手市などの県南地区に分かれて例年、8月末には開催されることになっている。

この夏、甲子園で準優勝した金足農の昨年秋の大会の成績を見てみることで、新チーム結成当時の実力を推測することができる。金足農は昨夏の秋田大会では準優勝しており、吉田投手をはじめ、その中心選手が残っていたこともあり、期待は高かった。

中央地区大会では1回戦で秋田工に10対０で大勝。２回戦は仁賀保に４対１。県大会への代表決定戦となった3回戦でも名門秋田商に7対０で勝利。エース吉田輝星が夏の秋田大会準優勝したチームから残っていただけに、投手力だけでも大きく他校を上回っていたのは確かだ。

ただ、代表順位を決める試合では由利工に敗れ県大会は第三代表扱いとなった。

それでも県大会では、吉田投手がいることで優勝候補の一つとして名が挙げられていた。初戦となった2回戦では２０１１年に21世紀枠で甲子園出場を果たしている大舘鳳鳴に対して４対０と完封勝利。そして迎えた準々決勝は、２０１４年夏に甲子園出場を果たしている角館と対戦。競り合いになったが1点差負け。これで、秋季東北地区大会進出を逃すとともに、翌年のセンバツ出場の夢は途絶えた。

金足農としては、夏へ向けて新たなスタートを切った。厳しい冬の合宿などを経て、確実にチームは逞しくなっていった。特に、吉田輝星は最速147キロをマークするなど県内屈指というだけではなく、全国的にも注目される存在となっていた。夏の前哨戦となる春季大会、中央地区予選では秋田中央、明桜に快勝して県大会進出を決める。さらに準決勝で由利、第一代表決定戦では前年秋に敗れた、21世紀枠代表としてセンバツにも出場している由利工に5対1と雪辱し第一代表で県大会に進出した。

県大会でも初戦は新屋に快勝。準々決勝も大舘鳳鳴を7対4で返り討ち。準決勝では再び明桜と対戦し打川和輝から吉田につなぐという継投で6対5と競り勝つ。決勝は再度まみえることになった由利工だったが、菅原天空の本塁打などで16対1と大勝して県1位で東北地区大会に進出した。

16年ぶりに春季県大会を制した金足農は、東北地区大会では初戦で専大北上を4対1で下すが、対戦した専大北上の中尾孝義監督は、「金足農の吉田君は、かつてのＰＬ学園の桑田真澄に似ていて非常にクレバーな投球」と評価した。中日、西武などで活躍し阪神でスカウトなども務めていた人の目で見た発言だけに信ぴょう性は高かった。

金足農は準々決勝で12安打を浴びて東北に敗れたものの、吉田の評価は「粘り強い投球でよくこらえた」と、決して低いものではなかった。

夏の大会を前に、県内の高校野球関係者の間でも、金足農の評価は高くなっていた。大会前に発行される高校野球専門誌では高評価されていた。

「金足農の中心は3番を打つ１４７キロの右腕吉田だ。冬を越えて球速が3キロはアップした直球は低めから浮き上がり空振りが取れる。『変化球もキレを増している』と、中泉監督の評価も高い。力強いスイングで長打力がある4番打川が徹底したつなぎの打撃を見せる打線は、春決勝で由利工から21安打を放ち16点を奪った。（中略）第１００回の記念大会で復活となるか」（報知高校野球）

という内容で紹介され、本命に推されていた。

そして、その期待通りに金足農は秋田大会を勝ち進み、さらに、甲子園で快進撃を果たしたのだった。このように、この年の金足農は新チームのスタートから秋季大会、さらには、冬の合宿を経て春季大会、そして最後の夏と、確実にレベルを上げていくいいチーム作りが出来ていたのがわかる。

そういう意味では、やはりスゴイと言っていいはずだ。

高校生の吉田輝星の球の「伸び」や「キレ」と田中将大、ダルビッシュ、大谷翔平を比べると意外な結果が出た

吉田輝星が、甲子園で記録した最高球速は150キロ。過去には、佐藤由規（仙台育英・現ヤクルト）、安楽智大（済美・現楽天）の155キロを筆頭に、154キロの菊池雄星（花巻東・現西武）、153キロの藤浪晋太郎（大阪桐蔭・現阪神）、151キロの松坂大輔（横浜・現中日）など、吉田を上回る球速を記録した球児も、決して少なくはない。また、今大会に限っても、吉田の150キロは、151キロの柿木蓮（大阪桐蔭）に次ぐ、奥川恭伸（星稜）、井上広輝（日大三）と並ぶ、2位タイの球速となった。

しかし、吉田が投じるストレートには、尋常ならざる「伸び」が備わっていることも、紛れもない事実なのだ。

投手が投げるボールの「伸び」や「キレ」を数値化する研究を続けている、國學院大學の神事務准教授によると、ストレートの「伸び」を決める揚力において、吉田が記録する数値は、高校生投手の平均値を大きく超えるだけでなく、田中将大（ヤンキース）、大谷翔平（エンゼルス）、ダルビッシュ有（カブス）といった、現役日本人メジャーリーガーをも上回るそうだ。

ピッチャーが投じるボールは、いかなる場合でも重力の影響を受けて、沈み込んでいく軌道を描く。だが、大きな揚力を得られれば、沈み込みは最小限で抑えられることになる。つまり、物理学的にいえば、「伸び」があるストレートとは、「大きな揚力を得た」ボールを指すわけだ。

大きな揚力を得るためには、ボールの回転数と回転軸が関わってくる。腕の振り方が「縦振り」で、ボールをリリースする瞬間に、指が垂直方向に伸びている吉田は、揚力を得て、地面とほぼ平行にボールが進んでいく、回転数の多いバックスピンがかかったストレートが投げられるのだ。

例えば、吉田が投げる高めのストレートは、普通の高校生投手ならば打ち頃の高めのストライクゾーンに入ってくるはずの軌道から、そのままズドーンと沈まずに伸びてくる。したがって、ボールゾーンであっても思わずスイングしてしまい、ボールはバットの上を通過していくことになる。

一方、低めのストレートは、普通の高校生投手の軌道なら、ボールゾーンに沈んでいくはずなのに、吉田の場合はそのまま低めのストライクゾーンにスッと伸びてくる。甲子園で、高めのストレートに空振り三振、低めのストレートを見逃しの三振というシーンがよく見られたのは、こういったメカニズムが働いたためだ。

「自分の最大の武器はストレート」と公言している吉田だが、カットボール、ツーシーム、スライダー、カーブ、スプリットと、豊富な球種の持ち主でもある。なかでも、3回戦の横浜戦から解禁したと報じられた、縦に大きく落ちてくる「キレ」に優れた独特のスライダーは、将来的には、伸びのあるストレートと並ぶ吉田の有力な武器となる気がする。先述した、「縦振り」の腕の振り方をしてくる吉田には横の変化よりも、縦の変化で勝負する球種がより向いているのではないだろうか。現役のプロ野球投手でいえば、ソフトバンクの武田翔太が決め球としている縦に大きく落ちてくるスライダーのような球を、吉田ならば投げられるはずだ。

唸り、しなる身体！

「キレを意識する」「ややスピードを上げて低めから浮き上がるようなボール」「高めでも伸びるような全力投球」3段階のギアを操った吉田輝星のストレートに、対戦校は歯が立たなかった。

吉田の投球フォームの分解写真を見ると、ドッシリとした安定感を誇る軸足となる右足、スクっと上がったところから、タメを作りつつ力強く踏み込んでいく左足と、下半身がとてもしっかりとしていることがよくわかる。下半身がきっちりと使えているからこそ、ストレートの「伸び」と変化球の「切れ味」の源となる、縦振りとなる腕の振りができるのだろう。

このドッシリとした下半身は、雪国・秋田に所在する金足農の伝統である冬場のトレーニングが作り出したものでもある。

アップダウンが激しい道での長距離走、坂道のキツい傾斜を使って繰り返されるダッシュ、さらには体育館内で行われる匍匐前進、腕だけを立てて腹ばいのまま進む「アザラシ」といった徹底的な走り込みや筋力強化の運動は、金足農野球部員たちの下半身を大きく、逞しくすることにつながっている。

吉田も、早朝から8キロの長距離走と坂路ダッシュ、体育館内の地味でキツいトレーニングに加え、長靴を履いての雪道走を行い徹底的に下半身を強化してきた。吉田が誇る大きなお尻や、逞しくもしなやかな太ももは、こういった冬場の鍛錬の賜物であることは間違いない。

肩、ヒジといった箇所に故障を発症せずに、1回戦から決勝戦までに、計881球を投げ切った吉田輝星。この熱投が可能となったのは、精神力の強さや、責任感の大きさといったことだけではなく、ストレートの「伸び」と変化球の「キレ」を引き出す、鍛え上げた下半身が主導する、素晴らしい投球フォームを作り上げたからこそでもあるのだ。

みんなが唸った見事なまでの「ギアチェンジ投球術」の秘密を知りたい

金足農にとっては初、秋田県勢としても第1回大会で旧制京都二中と戦った、旧制秋田中学以来となる決勝戦進出がかかった準決勝の日大三（西東京）戦。2対1と金足農1点リードの9回裏、一死一塁、二塁と長打が出たら逆転サヨナラの場面で、吉田輝星が示した投球は、まさに圧巻だった。

まずは、途中出場ながら打撃力には定評がある9番打者・柳澤真平との対戦。変化球で初球ストライクを取った後、2球目に138キロ（ファール）、3球目に141キロ（ボール）と、徐々にストレートの球速を上げていく。そして、外角やや高めに投じられた4球目は143キロの伸びのあるストレート。柳澤もしっかりと捉えたように見えたが、球威に押されたのか、レフト定位置へのフライとなった。

打順は、1番へと戻り、強打で鳴る日大三打線の中心選手の一人、金子凌を迎える。初球は143キロのストレート（ファール）、打者金子も、「速いな」という表情を浮かべながら、味方ベンチへ視線を送る。続いて、外角へのカットボール。これは際どく外れたが、20キロ近い緩急差が付いただけに、打者にとっては嫌な一球となったはずだ。そして3球目。この試合すでに130球を超える球数を投じていたが、力感のある142キロのストレートで金子をセンターフライに打ち取り、ついに悲願の決勝進出を果たす。

ちなみに、最後の二人の打者ではなかったが、吉田が投げ込んだ、この日最速となる148キロのストレートも、やはり9回裏に記録されたものだった。

この準決勝・日大三戦以外でも、ピンチの場面や終盤の勝負どころで、吉田最大の武器であるストレートが、さらに威力を増すケースは多かった。

2回戦の大垣日大（岐阜）戦でも、8回の先頭から、4者連続の奪三振。投球数150球を越えた9回には、この日最速となる149キロのストレートを連発する。ある意味、常識外れともいえるピッチングを展開している。

こういった吉田のピッチングスタイルは、「ギアチェンジ投法」と呼ばれている。もちろん、吉田自身も、ギアチェンジに関しては、強い意識を持って取り組んでいるようだ。

ランナーがなく、下位打線を迎えたときのストレートは、140キロ前後。当然、置きにいくようなことはしないが、ある程度リラックスした状態で、スタミナを温存するような投げ方を心がけている。吉田にとっては、「ギア1」の状態といったところだろう。

「ギア1」から一段階上げた「ギア2」は、走者を背負ったときなど、できれば三振が欲しいときの140キロ台半ばのストレート。

そして「ギア3」、ほぼマックスな状態で投げ込むのだ、終盤や勝負どころの、1点も許したくない重要な場面で繰り出される、１４０キロ台後半のストレートだ。連戦、連投の疲労が溜まっていた前述の準決勝・日大三戦では、さすがに１４０キロ台後半を連発とまではいかなかったが、打者にとっては、ヒットにするのがかなり難しい、非常に伸びのあるストレートを続け様に投げ込んでいた。

状況や打者に応じてギアチェンジができることは、吉田がクレバーさにも優れたピッチャーであることの証明でもある。プロ野球でも、メジャーでも、大エースと呼ばれる超一流投手たちは、ギアチェンジを繰り返しながら、要所、要所を締めていく。当たり前のことだが、どんな大投手でも、すべての試合でシャットアウト勝利を達成することなどできないのだ。場合によっては、ここは1点を与えてもいいからアウトを重ねていくといった、個人記録にこだわるのではなく、試合に勝つための最良の手段を選択できる投手が、真のエースなのだと思う。

甲子園における吉田は、真のエースたり得るピッチングが継続してできていた。接戦をものにしながら勝ち上がっていけたのは、ギアチェンジをしながら、勝つための最良のピッチングを模索していった吉田のクレバーな投球術によるところも、間違いなく大きかった。

もちろん、ギアチェンジをなすためには、ここ一番で最高の球を投げられる能力、技術、豊富なスタミナ、肉体面だけではなく、精神的なタフネスといった要素も必要となってくる。そのすべての要素を持ち合わせていた投手が、第１００回甲子園大会の吉田だった。

負けたら終わりのトーナメント戦で争われる高校野球。当然、その試合に勝つことが最大のミッションとなるのだが、吉田の場合、その試合だけでなく、次、あるいはその次も見据えながら、マウンドに立っていたようにも見えた。そういう吉田の先を見る目と、ナインの奮闘が相まって、決して下馬評が高いチームではなかった金足農が、第1回大会の旧制秋田中に103年ぶりに肩を並べる、秋田県勢最高成績となる準優勝にまで、到達することができたのだ。

鹿児島実の4番に「これまでにしたことがない」と言わしめたあることとは

「これまでにしたことがない……」

夏の甲子園大会1回戦で金足農に敗れた鹿児島実の4番・西竜我が、試合後の共同インタビューでそうこぼしていた。吉田輝星投手の印象を聞かれ、これまで対戦してきた投手とはストレートの伸び、キレが格段に違ったと言う。その対応策として試合途中からバットを短く持つなどしたのだが、過去の試合ではそんな経験は一度もなかったそうだ。「好投手がいる」との情報は入っていた。だが、強豪校の、それも4番バッターにバットを短く持たせるほどの力は、次に当たる対戦校に強い警戒心を与えた。

とくに準決勝でぶつかった日大三は徹底した「吉田対策」を実行した。試合前日、兵庫県西宮市内のグラウンドを借りた小倉全由監督は、フリー打撃の投手には3メートル前方から投げさせ、打撃マシンの球速も150キロに設定した。吉田のスピードに目を慣らす目的もあったが、全国制覇の経験を持つ指導者はさらにもうひと工夫を加えた。

「ボールをよく見ろ」

順番待ちの選手たちも目を凝らして、150キロに設定されたボールを見ていた。その理由は準々決勝で敗れた近江への投球にあった。吉田の投じる低めのボールだが、近江のバッターたちはストライクゾーンよりも低いと思って見逃したが、威力があって浮き上がってくる。ボールだと思って見逃してもストライクになるので、慌ててしまった。小倉監督はその低めの速球を捨てるよう、指示した。

「たとえ三振しても構わないから」

そんな戦略を立てて臨んだが、吉田の投球はさらにその上を行った。前で紹介したように吉田のストレートには「3つのギア」がある。ファースト・ギアはコントロールとキレ、トップ・ギアは「どこに行っても構わないから思い切り」というもの。日大三が「捨ててかかる」と決めていた「浮き上がってくる低めのボール」は、セカンド・ギア。また、連投の疲れも幸いした。吉田と捕手の菊地亮太は変化球の割合を多くしていた。変化球で打ち損じを誘う配球はもちろん、剛速球と変化球の緩急が日大三打線を翻弄させた。

小倉監督は走者を出す度に「リードを大きく取れ！」と、ベンチから指示を出す。すると、吉田はファーストミットを弾き飛ばすような鋭い牽制球を放る。執拗に何度も放り、時折、日大三のベンチにも視線を送った。

「120キロくらいしか出ていないボールでも、140キロ台後半の勢いがあった」

試合後、捕手の菊地がそんな感想を記者団に述べていた。吉田はこの日大三との試合が「ベストピッチングだった」と語っていた。試合巧者の横浜もトップ・ギアに入ったときの吉田を打ち崩せなかった。肉体的には限界に達していたが、気迫で乗り越えた。金足農に敗れた強豪校の監督たちはそろって「いいピッチャーだね」とエールを送り、甲子園を去っていった。

ボクサーでもないのにマウスピース着用。野球もやっぱり格闘技なのか？

金足農の試合中、テレビ画面に時折映る吉田輝星の歯が、真っ白な上に、驚くほど歯並びがいいなと感じた人は多かったと思う。実は、視聴者が見ていたのは、吉田自身の歯ではなく、着用している白いマウスピース（＝マウスガード）。ボクシング、ラグビー、アメリカンフットボール、アイスホッケーといった、接触プレーの多い競技では、選手の必須アイテムともいえるマウスピースだが、高校野球でも、試合中に白、もしくは無色透明のマウスピースを着用することが、ルール上認められているのだ。

高校球児のマウスピース着用を積極的に推奨したのは、甲子園大会を主催する高野連（日本高等学校野球連盟）。2003年、夏の甲子園大会終了後に編成された高校日本代表チームの選手たちを対象に、大阪歯科大などの協力を得ながら、試験的に導入され、その効果を確かめた上で、選手たちの安全を守る目的で、試合中の着用が認められたのだ。余談ではあるが、前述の色の制限があるため、ヤクルトのバレンティンが使用しているような、白、赤、青の三色に塗り分けられているマススピースを、試合中に使用することは不可となっている。

高野連が掲げる、「選手の安全を守る目的」というのは、食いしばったときの勤続疲労で、奥歯がボロボロになることや、ボールが当たったり、フェンスへ衝突したり、選手同士の激突があったりした際に、歯が折れたりする事態をマウスピースの着用により防止しよう、ということだ。身体を張るという意味でやはり野球も格闘技なのだ。実際、試合中だけでなく、練習時にもマウスピースを着用している高校球児は多く、「吉田はレアケース」ということではない。

現ヤンキースの田中将大（駒大苫小牧）も、2006年の高校日本代表で初めてマウスピースを着用して以来、その愛用者となった。楽天時代、マウンドで雄叫びをあげる田中の口元から覗く、黄色いマウスピースは、彼のトレードマークのひとつとなっていた。一方、甲子園で田中と歴史に残る決勝再試合を戦い、高校日本代表にも選出されていた斎藤佑樹（早実、現日本ハム）は、装着時に強い違和感を覚えたため、マウスピースは着用しなかったそうだ。

前述のバレンティン以外にも、日本ハムの中田翔、ソフトバンクの内川聖一など、プロ野球界でマウスピースを着用した経験を持つトップ選手は多い。なかでも有名なのが、西武のエース菊池雄星。いくつものマウスピースを試したが、なかなかしっくりとしたものには出会えず、最終的には２０１６年のオフに、ミクロ単位で歯を研磨したり、削ったりしながら噛み合わせを調整した上で、都内の歯科医院で、専用のマウスピースを作成した。最多勝利、最優秀防御率といったタイトルを獲得した翌２０１７年シーズンにおける菊池の活躍を見ると、ミクロ単位にまでこだわって作製したマウスピースの効果は、非常に大きかったのだろう。

吉田がマウスピースを着用したのは、高校二年生のとき。ピッチングをしているときに、あまりに強く歯を食いしばるために、歯が欠けてしまったことがマウスピースを使用するきっかけだった。「しっかりと噛みしめられるというか、力が入りますね」と、吉田自身も、マウスピース効果を実感したコメントを残しているが、マックス１５０キロの伸びがあるストレートを投げ込める要因のひとつには、マウスピースの効用があるのかもしれない。

試合用の白のほかに、練習用として、ピンク、紫と、いくつかの色のマウスピースを使用している吉田。紫は金足農のチームカラーにちなんだ色ということだが、練習時の吉田の口元には、試合で見せるものとは印象がだいぶ違う、かなり強烈なインパクトが感じられそうだ。

この吉田のマウスピースは市販のものではなく、吉田の歯型や口腔内の形状に合わせて作られた特注品とのこと。菊池雄星の例ではないが、パフォーマンスを左右しかねない野球選手にとってのマウスピースは細心の注意を込めて仕上げられる極めて繊細なパートナーなのだろう。

甲子園大会期間中、一部吉田ファンの間で話題になったのが、攻撃時のベンチのなかで口元に浮かせたマウスピースを軽く出し入れしたり、上下に動かしたりしている姿。「金足農吉田くん・マウスピースで遊ぶ」というタイトルで、試合中の映像が拡散されたのだ。マウンド上での凛々しい姿とは一味違う、脱力系の雰囲気も漂う吉田のお茶目な様子に、「カワイイ！」という声も、多数寄せられていた。

「ハンカチ王子」の愛称で日本中のアイドルとなった、２００６年甲子園大会の優勝投手斎藤佑樹にならい、吉田輝星を「マウスピース王子」と呼ぶ声も上がったが、いまひとつ語呂が悪かったせいか、この愛称はあまり定着しなかった。

日本中を驚かせた2ランスクイズはそんなに凄いプレーなのか?

全国の高校野球ファンにもっとも強い衝撃を与えたのは、近江高校との準々決勝だろう。２ランスクイズ。三塁走者はもちろんだが、味方打者が相手野手の間か、前方に確実に失速したボールを転がしてくれるという信頼がなければ、二塁走者は本塁に突入できない。バッターのほうも走者の脚力を信じていなければ、集中力が持続しない。またプロでもめったに見られない凄いプレーだ。金足農ナインの信頼感が結集されたシーンだった。

1点ビハインドで迎えた9回裏、金足農打線は連打と四球で無死満塁の好機を作った。

「金足農なら、何かやってくれるかもしれない」

スタンドのファンも彼らのそんな魅力に気付いていていた。体をのけ反り、肩を組んで大声で校歌を歌う姿も好感を呼んだ。時代錯誤で洗練さからほど遠い、でも、今の時代に忘れられていたひたむきさがある。

9回裏無死満塁、9番の金足農斎藤璃玖が膝を落として3球目の変化球をバットに当てた。スクイズ、守る近江ナインは「同点はしかたない」と思っていた。三塁手が勢いを削がれたボールを拾い、一塁に送球する。同時に、スタンドから驚きの声が上った。一塁手が慌てて捕手に送球したが、二塁走者の菊地彪吾が本塁に滑り込んでいた。

「血が沸いたというか、興奮しましたね。まさか、菊地まで還ってくるとは」

試合後、中泉一豊監督は共同インタビューでそう答えている。斎藤がバットにボールを当てたのと同時に菊地は全力疾走のスタートを切り、迷わず、三塁を蹴った。スクイズによる同点までは作戦だったが、そこから先はノーサインの選手判断だった。

「あいつ（斎藤）は絶対に失敗しないので」

チームきっての快足の持ち主である菊地は、斎藤がチームでいちばんバントがうまいと思っていた。そして、「失敗しない」と信じていたから、最初から本塁突入を狙っていたと言う。もっと言えば、試合後半の吉田のピッチングが金足農ナインを鼓舞させていた。連投の疲れも出始めた。

この日も先に1点を失ったが、走者を許しながらもそこからギアを上げ、好打の近江打者をねじ伏せていた。その力投が「同点」ではなく、ナインの9回裏で決着を着けるという不退転の決意につながった。

今も練習を見守っている金足農元監督の嶋崎久美氏がこう言う。

「ピッチャーが至近距離から速いボールを投げ、それをバントする練習を欠かさずやっています。最初は体に当たるなどうまくいかない子もいますが、そういうところから始めて、1点を泥臭く取りにいくのが金足農の伝統なんです」

泥臭い地道な練習は仲間を信じ、気持ちを一つにまとめて勝利をつかんでいった。

決勝戦前夜、ナインはどんな夜を過ごしたか

決戦前夜の8月19日、捕手の菊地亮太は見ていた。

家族のような金足農ナインは食事や気分転換の散歩も一緒に行動する。そのお喋りの輪から、ふと吉田輝星が一人になり、マジッグペンを取って帽子のつばに何かを書きなぐっていた。

「マウンドは俺の縄張り　死ぬ気で全力投球」――。

その荒々しい文字に秋田県勢としてはもちろん、東北地区初の優勝への重圧と関係者の期待の大きさを再認識した。取材も吉田に集中している。連投の疲れは周囲もわかっていたが、「決勝まで自分が投げて勝ちたい」と繰り返し、話していた。

〝同士〟からの思いも託された。すでに敗退した青森代表の八戸学院光星、福島代表の聖光学院の両主将から、「お前たちしかいない」のエールを送られた。

宿舎には差し入れがまた届けられた。秋田県ごはん食推進会議からブランド米の「あきたこまち」が何度か配送され、計200キロになった。JA関連の団体からも100キロ以上が贈られた。トマトジュースやメロンなども届いている。期待の大きさが形になって表れていた。

「感謝の言葉しかありません」

金足農ナインはメディアを通して、お礼を伝えていた。

リフレッシュは楽しんだようだ。大阪府守口市市内の宿舎ホテルから近い公園で軽いストレッチやジョギングをした後、そろって近くのスーパー銭湯に出かけた。天然温泉につかり、まったりとした時間を過ごした。夕食は焼き肉屋に出かけ、英気を養った。

高野連が公認した宿舎ホテルはどこも食事が美味しいと評判だ。

ホテル側はかなり球児に気を遣っているそうだ。食事面が万が一のことがあってはならないので、生ものは一切出さない。食材が限られると食事メニューはパターン化してしまうが、飽きがくれば食が進まなくなり、体力勝負の試合本番に影響しかねない。認定ホテルはこれまでも同じメニューでも味付けを変えるなどして、球児たちを思いやってきた。金足農ナインが最終決戦前の夕食を外食にしたのは、気分転換のためである。

決勝戦当日、吉田が投球練習を始める。

準々決勝で痛めた股関節は回復に向かっていた。投球練習は、可もなく、不可もなくといったところだった。準決勝では疲労もあって打ち損じを誘う投球内容にしたが、大阪桐蔭の打線には通用しない。

スタンドは金足農の応援で埋まり、大阪桐蔭の選手にはちょっとかわいそうだったが、その分、発奮して実力を発揮した。吉田輝星は「初回からトップ・ギアでいく」作戦だった。だが、大阪桐蔭は強かった。

ベストコンディションではないとはいえ、初見で吉田の剛球を見事に捉えた。

5回を投げきったとき、マウンドを譲った三塁手の打川和輝に「マウンドを守りきれなかった」と謝って、ライトの守備に向かった。前夜に誓った「死ぬ気」も尽き果ててしまった。すべてを出し切ったからこそ、日本中が称賛の拍手を送ったのだろう。秋田県勢としては103年ぶりにたどり着いた決勝。悲願の優勝には届かなかったが、吉田輝星を筆頭に選手全員、力を出し切った。

吉田輝星の881球は快挙ではなく「虐待」と報じる米メディアの真意を探った

金足農業高校の吉田輝星投手が夏の甲子園で881球投げたことは、米国ではネガティブなトーンで報じられた。米国を代表するメディアの一つ『ワシントン・ポスト』は9月4日付の電子版で『日本のティーンエイジャーが2週間の間に881球投げたことは、虐待ではないか?』という見出しの付いた記事を掲載した。

この記事で述べられているポイントを要約すると、以下のようになる。

いまだに甲子園の高校野球では球数や登板間隔に関する制限がないためエース投手が1回戦から決勝まで投げ続けることが多い。

日本のファンの多くは毎年のように、高校生の投手が連投連投で酷使されるシーンを見てきたので、吉田輝星が881球投げたことを、さほど異常なことだと感じていない。

日本の高校野球ファンは投手のヒジや肩を守ることには無関心で、自己を犠牲にして粉骨砕身する姿を見て感動する傾向がある。

吉田輝星が881球投げたことを虐待だと主張する研究者もいるが、賛同する者は少ない。

この『ワシントン・ポスト』の記事には吉田輝星が夏の甲子園で登板した6試合のデータも掲載されており、読者はそれに目を通すだけで、吉田が8月17日のゲームで164球も投げたあと休みなしで翌18日に140球投げたことや、3回戦が行われた8月17日から決勝が行われた22日までの6日間に570球投げたことを、数字を追うだけで知ることができる。

米国のメディアは、以前から日本の高校野球では、大人の利益のためにティーンエイジャーの選手たちが犠牲になっていると批判してきた。

この記事でも、大人たちは投手たちのヒジや肩の健康を守る責任があるのに、改革に取り組もうとしていないと指弾している。

米国のメディアがこのような主張を繰り返すのは「ヒジと肩は消耗品」と見なされていることに加え、まだ骨が固まっていない高校生が投げすぎるとヒジや肩を壊すリスクが格段に高くなると信じられているからだ。

これは根拠のない主張ではない。2007年から11年までの5年間、米国でトミー・ジョン手術を受けた者の56・7%は16歳から19歳のティーンエイジャーだった。メディアや野球関係者が酷使や投げすぎに敏感になる背景には、こうした現状に対する危機感がある。

米国の高校野球でピッチャーの投げすぎが問題になったのは、2014年5月にワシントン州の大会でロチェスター高校の投手ディラン・フォスネートが延長15回の途中まで194球を投げた時だった。

このときはメディアが「これは将来性ある投手への虐待だ」「将来ある高校生を大人の犠牲にすべきではない」と書き立てただけでなく、メジャーリーグのサイヤング賞投手デービッド・プライス（当時レイズのエース）も194球投げたフォスネートに同情し、直接メッセージを送って「闘争心旺盛なのはけっこうなことだが（監督に酷使されないよう）少し利口になれ」と助言した。

このロチェスター高校のフォスネート投手はたしかに194球投げたが、中6日で登板しているので、ヒジと肩の休養は十分とっていた。甲子園では一人の投手が二日連続で登板して300球以上投げることが普通に行われているで、フォスネートの194球は大騒ぎすることではないように思える。しかし米国では酷使の基準がどんどん厳しくなっていて、虐待と見なされてしまうのだ。

この194球事件が契機となって、米国では従来の「5回以上投げた投手は次の登板まで2日以上登板間隔をあけないといけない」（ワシントン州）というルールでは不十分だという声が高まり、大半の州で球数の上限が設けられることになった。その結果、多くの州で110球が球数の上限になった。

併せて、各州では投球数に応じた登板間隔の規定も設けられ、テキサス州では86～100球投げた投手は中4日、66～85球の場合は中3日、46～65球ならば中2日、31～45球ならば中1

日、登板間隔をあけないといけなくなった。

他州もこれとほとんど同じルールを作って球数に目を光らせるようになったため、高校生投手が酷使されることはなくなった。

このように米国では高校生投手のヒジと肩の健康を最優先にしようという考えが浸透しており、彼らから見れば、吉田輝星の881球は快挙ではなく、時代錯誤の象徴でしかない。

『ワシントン・ポスト』の記事は球数制限の必要性を説く一方で、甲子園の高校野球に米国並みの厳しい投球制限を導入した場合、最も大きなダメージを受けるのは金足農業高校のような農村部の公立高校であることにも言及している。

甲子園の常連校は全国から有望株を集めることができるので、レベルの高い先発投手を3人そろえることも可能だが、有望選手をかき集めることができない地方の公立高校は人的資源に乏しく、レベルの高い投手を複数用意することは難しいため、厳格な球数制限は農村部の公立高校に不利に働く。

今回の金足フィーバーで、我々は高校野球ファンがセミプロ化した強豪校より、地元出身の選手だけで構成された青年団のようなチームに共感を覚えることを知った。米国流の厳格な球数制限の導入によってそうした魅力溢れる田舎のチームが出現しなくなれば、高校野球の魅力は半減する。厳格な球数制限の導入はベストな選択肢ではないようだ。

吉田をめぐる〝侃々諤々《かんかんがくがく》〟は、それほど凄い投手と見ているからなのだろうか

吉田輝星は秋田大会1回戦から甲子園の決勝まで全13試合に先発した。全13試合に先発した投手は、37年前の第63回大会の金村義明まで逆上る。また、吉田の甲子園で投じた881球を上回る投手といえば、2006年夏の甲子園で948球を投じた斎藤佑樹が思い出される。早稲田実の斎藤は吉田の投げすぎと甲子園大会中の投球制限論について聞かれ、

「投げている本人が最後に責任を取るわけじゃないですか。強制的に投げさせるなんてことは今の時代、絶対にないはずで、あったとしてもそんな学校は地方大会で負けるはずですから」

「むしろ、あそこまで投げさせてもらったという気持ちのほうが強い」

と、周囲が考えている以上に本人と指導者は考えていると訴えていた。投球制限論というオトナの議論に吉田を巻き込ませたくないと思ったのだろう。

経験者の斎藤がそこまで言うのは、吉田の才能を認めているからである。

プロ野球解説者、スカウトたちもその将来性に太鼓判を押していた。まず、甲子園で怪物と呼ばれた江川卓は「低め（の投球）は高校生のバッターだとたいていボールだと判断してしまう。彼のボールは、低めから浮いていくので、打者が見逃してストライクが取れるという。み

んな一瞬、低く感じるんでしょうね。それで見逃しちゃうとストライクになる」と、球質を絶賛していた。

決勝戦翌日、元阪神・赤星憲広も日本テレビ系情報番組で「フィールディングとけん制もうまい。直すところがない。ドラフト1位でプロに入って、高卒1年目ですぐに投げられるものを持っている」と評した。

中畑清もスポーツ情報番組のなかで「田中将大タイプだ」と言い、「球威、球速、コントロール、フィールディング、すべてがプロのレベルに達している」と賛辞を送り、「プロ入りしたら？」と聞かれると、「一年目からマー君を凌ぐんじゃないか」と語っていた。また、黒田博樹を発掘した広島の苑田聡彦スカウト統括部長も甲子園での熱投を見て、「フォーム的には文句なし。キレがあるから高めで空振りが取れる」と唸っていた。

東北楽天のゼネラルマネージャーに就任した石井一久も「秋田から東京にいく前に仙台があるので、立ち寄って頂ければ」と、高く評価していた。石井ＧＭの言う「東京」とは、吉田がファンを公言した巨人のことだ。

その巨人のチーフスカウトを務める井上真二は、「甲子園であれだけ活躍し、野球ファンだけでなく、全国を沸かせた選手」と、スター性にも注目していた。吉田は楽天の則本昂大投手に憧れているそうだ。しかし、自室に野球選手のポスターなどは一枚も貼っていない。「見ていると、なんか悔しくなるから」だという。プロの世界に飛び込んだときは誰かを模倣するのではなく、自身の投球スタイルを確立させるつもりでいるようだ。

秋田県出身の元中日監督落合博満は夏の甲子園の決勝戦が行われた8月21日、古巣ロッテのイベントに出演し、同郷の後輩たちの奮闘について質問された。

「(吉田が)一人で6試合も投げたんだもん、バテバテでしょう」と大差で敗れたことをかばい、さらに「だからと言って評価は下がらない。ドラフト1位で消えるでしょう。(指名入札が)重複かどうかは別として、オレが監督ならいくな。ほかにもいい選手はいたけど、まだ伸びていく素質がある。久々に秋田から出たいい投手でしょ」と評した。イベントで共演した村田兆治もそれを聞き、何度も頷いていた。

また、夏の甲子園で歴代トップの83奪三振の記録を持つ板東英二は準々決勝を終えた8月19日に、吉田の快投について聞かれると、「今、(吉田は)51奪三振か。決勝戦に進めば、2試合で……」と計算を始めた。

「なんで、決勝戦はタイブレーク制じゃないの？　オレにはこれしかないんや！」

記録保持者の板東は大会12日目の8月16日、始球式に招かれている。延長12回から走者を置いて試合再開となるタイブレーク制を持ち出して周囲を笑わせたが、好投手・吉田を認めていたのだろう。

歌舞伎俳優の市川海老蔵は自身のブログで、「秋田の金足の何かに泣かされます」と決勝戦

150キロの豪腕!

「150キロ右腕」として大会前から注目されていた吉田輝星投手。迎えた初戦、強打を誇る鹿児島実業を相手に14奪三振と超ド派手な甲子園デビューを飾った。ストレート、スライダー、ツーシーム、スプリットと多彩な球種を持って抑え込んだ。

に込み上げてくるものがあったことを伝えていた。タイトルは「なんだろう」。「なんか、泣ける試合です」とし、その奮闘を称えた。決勝戦を中継した秋田朝日放送は視聴者から「ありがとう」のメッセージが殺到した。秋田県出身の女優・佐々木希はインスタグラムで「しったげ、かっこよがった！」と秋田弁でねぎらいを伝え、「秋田人の誇りです。宝です。おかげさまで忘れられない夏となりました。感動をありがとう！　いや、ありがとうでは足らないくらいすてきなものを見させていただきました」とも記していた。その後、佐々木は金足農ＯＧと各方面から間違われ、その否定に追われた。

決勝戦翌日の8月22日、金足農ナインは早々に帰りの途についたが、伊丹空港では搭乗前にＪＡＬ社員が「感動をありがとう！」と横断幕を掲げた。機内でも機長が「金足農業の選手が搭乗しています。昨日までの戦いのひたむきさ、頑張り、郷土愛の深さに感動いたしました。今後とも皆様のご活躍を期待しています」と異例のアナウンスでねぎらった。大反響の理由は、単に地方の農業高校が奮闘したからではない。ひたむきに努力すること、情報が溢れる社会の中で忘れかけていたものを教えてくれたからだろう。

甲子園ナンバー1、ビッグ3などの称号は誰がどうやって決めているのだろう

春夏ともに、毎年、主催新聞社が発行している大会ガイドブックがある。春のセンバツは毎日新聞社が「サンデー毎日」増刊として3月の大会開始10日前を目途に刊行。

センバツの場合、1月下旬に代表校が選出されて、3月下旬の大会開始まで1カ月半から2カ月くらいの時間的余裕があるということもあって、ほかの高校野球関連誌なども選手名鑑を刊行する。

そうした中で、前年の秋季大会の活躍実績などから、その大会の注目選手におおよそ目途がつけられている。だから、センバツでは大会前からかなり煽られた形で注目選手がクローズアップされている。

これに対して夏の選手権は、「週刊朝日」増刊として、地区大会で最後の代表が決まった翌々日には書店に並んでいるという慌ただしさだ。しかも、雨などで日程がずれ込んでくると、予定していた締め切りにまだ代表が決まっていないなどというケースも起こりえる。そんなこともあって、編集スタッフは地区大会の段階から活躍するであろうという選手に目星をつけて、事前にグラビア写真などの準備をしておく。

その目安となっていくのが、主に4月から5月に開催されている、「夏の前哨戦」とも言われている春季大会での活躍である。

そこで、安打を量産した、素晴らしい本塁打を放った、多くの三振を奪った、素晴らしい投球をした、というような選手をピックアップしていく。

また、現在はネット情報なども盛んなので、高校野球の小さな大会や好選手がいるという情報も、さまざまな形でいち早く伝えられるようにもなっている。各地域での、専門誌やフリーペーパーのような形で、選手紹介をしている媒体もある。実際、プロ野球のスカウトたちは、そんな情報も含めて好選手を拾い集めている。

「以前は、スカウトは足で稼ぐと言われていて、小さな大会や練習試合に足を運んで、無名の選手を発見していく楽しみもありました。けれども、今は、情報が氾濫しているので、むしろその情報を確認しにいくという形の動きになっていますね」

そんな実情を話してくれたスカウトもいたが、当然、スカウトたちも「今年の目玉」「高校ビッグ3」などという表現には敏感だ。また、スポーツ新聞のアマチュア担当記者などは、球場ではまずスカウトを探して、どの学校の誰を見に来たのかということをしきりに質問する。そして、そんな情報の中から、「あの学校の、あの投手は大会ではあまり活躍していないけれども、潜在能力は高いので、もしかしたら大きく化けるかもしれない」などという情報を得ると、それをスクープ的に紹介していくこともある。

毎年選手が入れ替わっていく高校野球ではあるが、そのような活動もあって毎年のように注目選手が現れて紹介されるようになっていく。そして、そんな中から「高校ナンバー1」「高校ビッグ3」が作られていくのである。

今年の夏は第１００回記念大会ということで、オフィシャル大会誌の『週刊朝日増刊～甲子園』では過去の記録も紐解かれていたが、基本的にはこの大会の注目選手で巻頭グラビアが構成される作りは変わっていなかった。その表紙をめくった最初のページが、金足農の吉田輝星で飾られていたのは、担当編集者としてはとてつもないタイムリーヒットだったと言えよう。先頭打者ホームランくらいではすまされない、いきなり満塁本塁打を放ったくらいのものである。

ちなみに、今大会の『週刊朝日増刊～甲子園』の巻頭グラビアの中で1ページを割いて紹介されていたのは吉田のほかには報徳学園の小園海斗《こぞのかいと》と大阪桐蔭の根尾昂《ねおあきら》の3人だった。さしずめ、この3人が当初から予定していた〝大会ビッグ3〟だったと言っていいのではないだろうか。

このことでもわかるように、大会主催メディアなどが中心となって、「今年の大会では、この選手がスポットを浴びるであろう（あるいは、スポットを浴びてほしい）」という思いで、注目選手が多くのファンにも意識づけられていく。大会前に何となく、〝ビッグ3〟やかつては四天王などと呼ばれていた選手たちもいるが、おおよそそんな感じでスター候補選手が決められているようだ。

ちなみに、吉田の次のページの見開きでは横浜の及川雅貴、創成館の川原陸の両左腕投手と智辯和歌山の林晃汰が掲載されていた。このあたりが、次の〝ビッグ3〟候補でもあったということだろうか。

しかし、巻頭を飾った吉田が、大会の進行とともに、主催者の予想していた以上にスポットを浴びて注目されていった。最終的には準優勝投手となって、金足農の存在そのものにも大きくスポットが当てられるようになっていったのである。

大会の進行とともに、チームのエースが当初の予想以上にスポットを浴びていくというケースは過去にも何度かあった。比較的近いところでは、２００６（平成18）年の早稲田実の斎藤佑樹（現日本ハム）が「ハンカチ王子」ともてはやされた例がある。実際、今大会の金足農フィーバー、吉田人気はその当時の早稲田実と斎藤のそれに似ているという声もある。

ちなみに、その年の『週刊朝日増刊～２００６甲子園』の巻頭グラビアはどうなっていたのかというと、表紙を開いてすぐに掲載されていたのが駒大苫小牧の田中将大。その年のドラフトでは楽天から1位指名を受けてプロ入りし、現在はＭＬＢニューヨークヤンキースで活躍するスーパースターである。大会前から、駒大苫小牧の3連覇も注目されており、最大の話題でもあったわけで当然の位置とも言えよう。

そして次のページを占めていたのが、当時「投の怪物・田中将大」に対して、「打の怪物」と言われていた愛工大名電の堂上直倫（現中日）だった。堂上は、その年のドラフトでは3球団競合の末に地元の中日がクジを引き当てている。そして、もう一人が1学年下ではあるが「もう一人の打の怪物」で当時は投手との二刀流でも注目されていた大阪桐蔭の中田翔である。中田は翌年のドラフトで1位指名を受けて日本ハム入りする。

なお、斎藤はその中田から3三振を奪うなどして大阪桐蔭を2回戦で下したことから一気に注目を浴びていく存在となった。

いずれにしても、甲子園は事前に注目されていたスター選手が、その期待通りの活躍をしていくことで、さらに盛り上がっていくのだ。その構図は、何十年も続いており、今後も変わらないことだろう。そして、その注目選手は、メディアなどが事前に拾っていって情報提供してくれるのである。

あらためて見てみよう 金足農の甲子園決勝戦までの全軌跡

金足農は甲子園出場までに秋田大会で5試合、甲子園で6試合の都合11試合を戦った。甲子園の決勝で、大阪桐蔭に敗れるまで10連勝を続けていたということになる。そんな金足農の、この夏の戦いぶりを振り返ってみる。

秋田大会は第一シードだったが、必ずしも圧勝してきていたわけではなかった。

2回戦　2―0　秋田北鷹

初回に4番打川和輝の犠飛で先制して、その得点を守り切って、吉田輝星投手も3安打完封で、自己最速となる150キロをマークするなどで、順調なスタートとなった。
3回戦　4―3　能代
前年の秋季県大会ではベスト4に進出し、過去4回甲子園出場している能代は、思い切りのいいフルスイングの打線。苦しい戦いとなったが、9回に一死満塁から髙橋佑輔のタイムリー打でサヨナラ勝ちして勢いづく。
準々決勝　7―0　秋田商
県内随一の実績を誇る名門校に対して初回に先制、3回は吉田が自らのタイムリー三塁打などで小まめに得点を重ねて7回コールドゲームで快勝。
準決勝　7―4　由利
初回に大友朝陽の二塁打で先制すると、2回、3回と序盤に得点を重ねリード。6回に一挙4点を奪われて1点差となるも、7回に斎藤璃玖のタイムリーで突き放し、そのリードを吉田投手が何とか守りきり、昨夏に続いての決勝進出を果たす。
決勝　2―0　明桜
昨夏と同じ顔合わせとなったが、緊迫の投手戦は4回に打川のタイムリー打で先制。7回にも吉田自身で追加点を挙げて明桜打線を4安打に抑えて、11三振を奪う力投で完封。11年ぶり6回目となる夏の甲子園出場を果たした。

秋田大会5試合で、金足農は選手交代なし。全試合を9人で戦いきった。吉田投手は5試合で43イニングを投げ、被安打26、1試合平均は5・2本で与四死球は16。失点は7で、1試合平均は1・4点ということになる。奪った三振は5試合で57だから、1試合平均では11・4と二桁奪三振となる。

こうして、「投手を中心とした守りのチーム」という評判で、甲子園に乗り込んだ金足農。組み合わせ抽選で、初戦は大会4日目の8日第2試合で相手は鹿児島実となった。

甲子園での戦いは次の通り。

1回戦（8月8日、第2試合）

鹿児島実000　000　010＝1
金足農　003　000　02X＝5

3回に一死二塁から1番菅原天空の右中間三塁打で先制し、さらに佐々木大夢のスクイズなどでこの回3点。8回にも、9番斎藤のスクイズで追加点を挙げる手堅い戦い方。吉田投手は14三振を奪ったものの、9安打2四球で毎回走者を背負う苦しい投球だった。

2回戦（8月14日、第2試合）

金足農　120　000　012＝6

大垣日大　１０２　０００　０００＝３

序盤にお互いに点を取り合ったものの、４回以降は試合が膠着。やや重苦しい展開となったが、８回に大垣日大の二番手で好投していた杉本から５番大友が粘って12球を投げさせた末に左翼スタンドへ決勝本塁打を放つ。その裏、吉田投手は三者三振で抑えて、９回にも菅原の三塁打などで２点を追加。吉田投手は13三振を奪った。

３回戦（８月17日、第２試合）

横　浜　２００　００１　１００＝４
金足農　００２　０００　０３Ｘ＝５

初回、いきなり三塁打されるなどで２点を先制されたが、３回に吉田の中越２ランで同点。６、７回に１点ずつ奪われ８回も無死二塁と苦しい戦いだったが、ここを切り抜けるとその裏、無死一、二塁の好機。送りバントは飛球となり失敗したが６番髙橋佑輔が逆転３ランをバックスクリーンへ放つ。髙橋は高校野球生活で初めての本塁打だった。９回の吉田は完全にギアが入って、三者三振で切り抜ける。しかも、いずれも見逃しというところに、吉田の球のキレのよさが窺える。完全に相手の流れだった試合を一発でひっくり返したが、これで金足農は大会そのものの流れも導いたと言っていいだろう。

準々決勝（8月18日、第4試合）

近　江	000	101	000	=	2
金足農	000	010	002X	=	3

中盤に試合は動いて、4回に近江が当たっている住谷の二塁打で先制すると、金足農は5回に三塁打の菅原天空を佐々木大夢のスクイズで帰して同点。しかし近江もすぐに6回、一死三塁から4番北村のタイムリーで再びリード。そのまま9回まで進んだ試合で、金足農最後の攻撃は先頭の6番髙橋が左前打で出る。菊地彪吾も続き菊地亮太は四球で満塁。9番斎藤璃玖はカウント1―1から三塁前にスクイズを決める。三塁手が一塁送球する間に二塁走者の菊池彪も迷うことなく三塁ベースを蹴って本塁へ。ヘッドスライディングは有馬捕手のタッチを交わしてホームイン。劇的な2ランスクイズでサヨナラ勝ち。「練習でもやってきたことなので、三塁側に（打球が）転がった瞬間に、自分の判断で行けると思って走った」と、二塁走者の菊池彪は走塁に迷いがなかったことを明かした。

準決勝（8月20日、第1試合）

金足農	100	010	000	=	2
日大三	000	000	010	=	1

初回の金足農は二死二塁の場面で4番打川和輝が左翼線に落として先制。5回にも二死二塁

から5番大友朝陽の中前打で2点目。強打が看板の日大三だったが、7回まで吉田の前に4安打しか放っていなかった。4巡目となった8回になって日大三は一死から金子、木代の１２番の連打で一、三塁とし、二死となってから4番大塚の左前打が出て1点差となる。9回も日大三は2安打して一打同点、もしくは逆転サヨナラという場面になったが、吉田投手が最後は踏ん張って金子を中飛に打ち取った。これで金足農は、秋田県勢としては１０３年ぶりの決勝進出を果たす。

決勝（8月21日14時12分試合開始）

金足農	001	000	100	=2
大阪桐蔭	300	360	10X	=13

初回あっさり3人で攻撃を終えた金足農はその裏、二死満塁から暴投で先制を許す。さらに、6番石川の二塁打でさらに2点が入りいきなり3点のアヘッド。3回に四球と犠打暴投、犠飛と無安打で1点を返したが、4回に大阪桐蔭は1番宮崎の3ランで追加。さらに5回には根尾の本塁打など打者11人の猛攻で6点を奪う。7回に金足農は、菊地亮太の二塁打で1点を返したものの、その裏、大阪桐蔭がさらに1点追加。金足農は6回から、この大会で初めて吉田がマウンドを打川に譲った。吉田は5回を投げてすでに12安打を許し１３２球を費やしていた。

金足農の9人野球の裏にこんな熱いドラマが隠されていた

金足農は秋田大会1回戦から甲子園の決勝戦まで一貫して「9人」の精鋭を交代させなかった。決勝戦のマウンドこそエースの吉田輝星から三塁手の打川和輝に代えるなど守備のコンバートはあったが、10人目の選手は最後までグラウンドに登場しなかった。近年の高校野球では、投手の複数制や力のある下級生を経験目的で使う全員野球が定番となっている。金足農は前時代的なスタイルを貫いたわけだが、たとえ出場の機会がなくてもベンチ入りした18人、そして、記録員を務めた三年生を含め、19人全員で戦っていた。

「彼らがいなくてはならない。ベンチワークもよくやっている」

中泉一豊監督は一度も選手交代がなかったことを質問されたとき、そう答えている。

攻守交代の際、外野手とのキャッチボール役を務めた者、ベンチの伝令役の大任を果たした背番号13・小松雅弥、同16・工藤来夢、記録員を務めた永井崇希……。彼らは常にベンチから身を乗り出して仲間たちに檄を飛ばし続けた。

改めて、金足農のベンチ入りした18人を見てみると、10番から18番の背番号をもらったのは、全員二年生だった。同年の秋季大会から始まる新チームメンバーを勉強させたということだろうか。

だが、このベンチ入りを許された18人以外にも、一緒に戦った仲間がいた。**三年生の川和田《かわわだ》優斗《ひろと》**だ。8月4日、夏の甲子園大会開幕の前日だった。金足農ナインは開会セレモニーのリハーサルに臨んだ。秋田県大会の優勝旗を持った佐々木大夢主将を先頭に、本番さながらにキビキビと手足を振っていた。それをスタンドから見守っていたのが川和田だった。彼は秋田県大会で背番号20をつけていた。甲子園大会はベンチ入りメンバーが18人に絞り込まれるため、自動的に県予選を戦った仲間のうち2人が弾き出される。大方の予想では三年生部員はこの川和田を含めて10人なので、二年生の誰かがベンチ外になると思っていた。しかし、中泉監督は弾き出される2人のなかに川和田を入れた。

「県大会決勝戦でボールを渡しにいく役目を務めていたのが川和田君でした。全力疾走でキビキビと……」

中泉監督も迷ったのだろう。18人のメンバー登録は届け出期日の8月1日まで発表しなかった。川和田は投手で入学した。吉田とエースを争ってきたが、一年生秋の試合で右ヒジに死球を受け、筋挫傷で約2カ月ものリハビリ生活を余儀なくされた。その後、ピッチング練習を再開したが、故障前のようなキレは蘇らなかった。外野手として再スタートを切り、最後の夏に挑んだのである。18人が発表された後、同校のコーチや部長が「将来のためになる」と言って川和田の肩を抱いた。佐々木主将は「お前だから頼むんだ」と言って、甲子園でのボールボー

勇者の軌跡

私立の強豪を次々に撃破してつかんだ準優勝。
2018年の甲子園の体験は金足農部員に
どんな未来への扉を開けてくれるだろうか。

イ役を要請した。金足農ナインは「最低でも秋の国体に選ばれるまで勝ち上がろう」と誓い、甲子園の1回戦に臨んだ。川和田と少しでも長く野球を続けるためだ。

決勝戦のゲームセットが宣告された後、佐々木主将は川和田を呼び、グラウンドに入れた。一緒に甲子園の土を持って帰るためだった。川和田は無言で土をかき集め、甲子園に一礼した。

19人の戦士、それぞれの帰らざる夏に感慨を込めて思いの丈を語る

金足農は夏の甲子園大会を以下のように振り返っていた。

佐々木大夢主将は地元テレビ局のインタビューで、「農業高校として、公立校としてここまでやってこられましたので、堂々と胸を張っていいと思います」と答え、主将としての重圧は「一人一人がチームを引っ張ってくれたので、それはありませんでした。雑草軍団として、しっかり守り、手堅くバントで送って粘り強く戦うことができました」と仲間たちをねぎらった。

吉田輝星は「仲間との絆を改めて感じました」と大会を振り返っている。また、吉田とバッテリーを組んだ菊地亮太は、「全国の強豪相手に良いピッチングをしてくれたので、捕っていて気持ちよかったです」と答えていた。近江戦で2ランスクイズを決めた斎藤璃玖は帰省してからみんなに「おめでとう」と言われ、準優勝の実感が沸いたと話していた。甲子園の経験は一

生の思い出になるはずだ。

　吉田の侍ポーズの秘密を明かしてくれたのは、センターを守る大友朝陽だ。春の秋田県大会から「二人でやろう」と決めていたそうだ。ゲームをヒントにしたようだが、「いつも通り、平常心」というルーティーンにしたという。髙橋佑輔は横浜戦で逆転の3ランを放った。「思い切り振ることができた」というが、バッターボックスに立つ前、菅原天空が伝令で耳打ちした。「ボール球でもいいから、思い切り」と伝えると、髙橋は「背中を叩いて」と頼んだ。理由は県大会にある。やはり髙橋が打席に立つ前、吉田が激励のつもりで背中を叩き、好結果につながった。ゲンを担いだのである。吉田が甲子園の忘れられないシーンとしてこの髙橋の本塁打をあげたのにはそんな物語があった。打川和輝は決勝戦の吉田の後のマウンドを任された。主砲としてチームを牽引してきたが、甲子園の思い出として、救援登板のことを上げていた。菊地彪吾は大差をつけられても諦めない自分たちの野球に満足していた。菊地彪は近江戦の2ランスクイズで二塁から本塁突入の激走シーンでも知られるが、そのとき、三塁コーチャーを務めていたのが二年生の船木弦だ。船木は菊地彪吾を止めた。しかし、菊地彪吾の自己判断で突入した内幕を後に明かしているが、「セーフになってくれ」と祈るような思いで見ていたそうだ。関悠人、嶋﨑響己、沢石和也、小松雅弥、佐々木大和、菅原大、工藤来夢、池田翔らのベンチ入りした二年生たちは先輩たちへの感謝を述べ、101回目の夏に頂点を目指す。記録員を務めた永井崇希の「甲子園で幸せな時間を送れました」の言葉に、彼らの夏が充実していたことを物語っている。県大会でボールボーイを務めた川和田優斗は仲間たちがピンチをしのぐたびにガッツポーズを作った。彼らの快進撃は団結が原動力であったようだ。また選手をサポートした女子マネージャーの**高橋桃子**の力も大きい。

7　佐々木大夢《ささきひろむ》主将　たくさんの方々に応援してもらったのに、日本一にならず申し訳ありませんでした。大阪桐蔭は走攻守すべてが素晴らしく、日本一に相応しいチームでした。大差をつけられましたが、終盤に粘りを見せることはできたと思います。全力を出し切って負けたので悔いはない。

1　吉田輝星《よしだこうせい》　仲間との絆を改めて感じました。そして、「吉田、ありがとう」という言葉にぐっと来ました。

2　菊地 亮太《きくちりょうた》　決勝も吉田のために打った。金足農で成長できました。礼儀などは社会に出ても通用すると思う。

3　髙橋佑輔《たかはしゆうすけ》　甲子園で成長できました。決勝は悔いのないようにと打席に入りました。最後の三振にも悔いはありません。

4　菅原天空《すがわらたく》　最後まで諦めなかったが相手が強かった。県民の皆様の初優勝の期待に応えられず、本当に申し訳ない。

5　打川和輝《うちかわかずき》　甲子園の（救援登板の）マウンドは長かった。最終回の攻撃は吉田と菅原天空と肩を組んで見守りました。

6　斎藤璃玖《さいとうりく》　決勝戦も楽しんでプレーしようと思いました。甲子園の経験は、一生記憶に残ります。いい時間だった。

8　大友朝陽《おおともあさひ》　負けたのは自分たちに何かが足らなかったから。応援してくださった県民の皆様に優勝の報告を届けたかった。

9　菊地彪吾《きくちひゅうご》　大差をつけられたが、自分たちの野球はできました。厳しい練習で培ってきたことを発揮できました。

10　関悠人《せきゆうと》　三年生のおかげで決勝戦まで戦うことができ、感謝しています。来年、絶対に甲子園に帰ってくる。

11　嶋崎響己《しまざきひびき》　第100回記念大会で県民として103年ぶりの決勝進出は先輩たちのおかげ。来年借りを返す。

12　沢石和也《さわいしかずや》　最後のアウトを取られるまで諦めていなかった。悔しさを忘れず、自分たちの代で優勝したい。

13　小松雅弥《こまつまさや》　伝令でマウンドに行くと、決勝戦では吉田さんにいつもの笑顔がなかった。優勝できず、悔しい。

14　佐々木大和《ささきやまと》　三年生は言葉でも背中でも格好よく引っ張ってくれました。教わったことを生かし、頑張りたい。

15　菅原大《すがわらだい》　三年生には挨拶の徹底など、野球以外のこともいろいろと教えてもらい、感謝したい。

16　工藤来夢《くどうらいむ》　全国準優勝の成績を残せたが、今後も努力を重ね、挑戦者の気持ちで向かっていきたい。

17　船木弦《ふなきげん》　グラウンドに立てなかったが、ベンチから大事なことを学びました。決勝戦の借りは自分たちが返す。

18　池田翔《いけだしょう》　苦しい練習の成果が甲子園で出た。さらに練習を重ねて来年は全国優勝を成し遂げたい。

記録員・永井崇希《ながいたかき》　甲子園で幸せな時間を送れました。経験したことのない世界を見させてもらい、幸せでした。

夏の甲子園、全国民が心配でしょうがない、課題と提案。ナイターの導入、熱中症対策、連投問題を高野連に問う!

今年は１００回大会ということで、記念大会として甲子園出場校も史上最多の56校で争われた夏の選手権大会。大会運営そのものも時代の流れとともに変化してきている部分もあるが、今年の大きな変革としては、春のセンバツから導入していた延長13回からのタイブレークシステムである。

この夏は2試合で適用された。史上初となった甲子園でのタイブレークは、1回戦の佐久長聖と旭川大高との試合だったが、無死一、二塁で始まった13回はお互いが守り抜いて得点を与えず。そして14回に佐久長聖が内野ゴロで1点を奪って、その裏に得点を与えず守り切って勝利した。

2つ目のタイブレークは、星稜と済美の試合だったが、後攻の済美がタイブレークの13回表に2点を失ったが、「打っていくしかない」という状況で、無死満塁となったところで矢野功一郎が左翼ポール直撃の逆転サヨナラ満塁弾を放つという劇的なものとなった。

「かつて、幾多の名勝負を生んでいた延長戦のドラマがなくなるのではないか」

そんな懸念もあったタイブレークだった。しかし、まずはいずれもタイブレークの醍醐味、緊張感と劇的さを味わうことができた。

また、今年は「かつて経験したことのない猛暑」ということで、暑さ対策をどうするのかということもテーマとなった。地区大会からも、多く見られた光景として、給水タイムを取る試合である。また、京都大会のように開催時刻を夕方に大幅にずらしていくという対応策を取っていったところもあった。東西の愛知大会も準決勝の開始時刻を予定より1時間繰り上げて9時にしたり、準決勝と決勝の間も予定より1日多く空けるという対応をしていた。

こうした、各地区の高野連の対応も、柔軟性が求められた大会となった。

さらには、こうした現象とは別に、甲子園の空前の行列などのチケット問題も大きな課題として捉えていくべきではないだろうか。

高校野球の人気、注目度は毎年衰えることを知らず、ということも相変わらずだった。試合カードに関係なく連日、ほとんどの試合は満員だった。記念大会で試合日程が延びたということもあろうが、史上初めて通算入場者は100万人を超えた。高校生の大会なのに、2週間でこれだけの人が日本中から動員されるというイベントはほかに類を見ない。もちろん、それだけ高校野球が日本人にとって、夏の恒例行事として定着しているということも言える。また、普段はあまり野球に関心のない人でも、あたかもテーマパークに足を運ぶような感覚で甲子園を訪れるということも多い。

そんな現象は入場券を求める人たちが第1試合開始の1時間以上前から、行列を作っているということにも表れている。準々決勝などは、前日の3回戦が終了した時点ですでに翌日の売り出しを待つ人たちの列ができていて、シートなどを張って、徹夜で売り出しを待つという状況だった。尋常ではない状況である。

「朝イチの始発で来ても入れんって、どういうことや」

そんな声を上げている人もいた。

実際に、朝6時前に行列が長くなりすぎて満員通知が出されるという事態になっていた。高校生の大会としてはどう見ても尋常ではない状況だ。何時間も並んでやっと入場し、さらに入場後も、何も行われていない球場のスタンドに腰かけて待っていることになる。一息ついたら、並んだ疲れも出てきて、試合開始の8時にはうたた寝どころか熟睡してしまっているという人もいたようだ。

しかも、基本は高校生の大会なのに朝の7時からビールを売っていることも、冷静に考えてみると、とんでもないことだ。ほぼ同時期に開催されている全国高校総体（インターハイ）の会場では当然あり得ない光景である。しかも、この時期の甲子園球場は日本で一番、朝からビールが売れるスポットと言って間違いないのではないだろうか。そんな事態が普通に行われているのも甲子園の高校野球である。

とはいえ、今更その是非を問うのではない。そういう現象があることに対して、それに対応していかなくてはならないのが多くの高校野球ファンでもある。また、そんな意識をさらに煽っていくのが、連日の報道にもあるのかもしれない。もちろん、高校野球はこうしたメディアの力を借りて、というかメディアの力があってこその今の盛り上がりが作り上げられていったという事実もある。

そんな中、近年ことに言われているのが投手の球数制限などの問題だ。

しかし、この問題も奥が深い。もしこの大会で、球数制限があったとしたら、金足農の今回のフィーバーはまず起きていなかったに違いない。吉田輝星が、投げ続けたことによって金足農の快進撃があったことも確かなのだ。それに、それがあったからこそ金足農の人気、盛り上がりを導いたのである。そのことはしっかりと認識しておかなくてはいけない。投手の将来性や肩やヒジの健康管理ということを考えたら、球数制限や投手複数制という考え方も一つかもしれない。

ただ、高校野球が１００年以上かけて育んできた一つの文化の形として、背番号1という存在の重さがある。また、現実には公立校の場合、大阪桐蔭のように将来プロで活躍しそうな投手を何人も準備するのは、とてつもなく困難なことだ。そうなると、ますます私学野球強化校と公立校の二極分化が進んでいってしまうだろう。そうなったら、これまでと同じような高校野球の感動やドラマがあるのかどうか……。

いずれにしても、高校野球はすでに来年へ向かって始動している。

高校野球の今後の問題を語る際、抜本的な改革案や新たな提案をしていかなくてはいけない時期に来ているのかもしれない。例えば7月から週末だけで大会を進めていくなども一案だと思う。これで、連日の徹夜の行列も多少は回避できるのではないか。

必然的に、地区代表を決めていく地方大会は6月までに終えるということになる。そうすると、春季大会のあり方など従来からの大幅な日程変更などの見直しも含めて、考察されていくことになっていくのではないかということにもなる。

そんな問題も考察しながらも、それでも「高校野球は面白い、魅力的なイベント」なのだ。

2
章

吉田輝星、笑いと涙の感動物語

昭和の野球を貫いた。昔ながらの9人精鋭野球のインパクト

秋田大会5試合、甲子園での6試合。決勝ではエース吉田輝星が5回でマウンドを降りたということもあって、ポジションの移動はあったものの、金足農は11試合をすべて9人の固定したメンバーで戦いきった。

近年の高校野球では、一人で複数ポジションをこなすというよりも、何人かの選手が競い合い、試合によってメンバーを入れ代えるチームも多い。ことに、強豪校と言われるところでは、頻繁に選手を交代させて意識を高めさせていく。

見逃し三振をしたらすぐに交代、守りでのボーンヘッドがあったらすぐに交代という形で刺激を与えていくところもある。また、投手に関しては優勝した大阪桐蔭が示していたようにまるで、プロ野球の投手ローテーションみたいに何人かの能力のある投手を回していきながら先発を決めていくところもある。また、今やプロ野球では当たり前となっている投手の分業制が高校野球にも定着してきている。トーナメントということで、負けたら終わりという考えから、力のある投手を後ろに控えさせて、まずは先発投手で「行けるところまで行け」という戦い方をしてくるチームもある。

いずれにしても、投手の負担を和らげるということにはなるだろうし、今後の中で提唱されていくことになってしまうかもしれない投手球数制限や回数制限などの制度となった場合には、どうしても複数の投手を用意しておくべき必然も出てくるだろう。時代の流れとして、そういった傾向にあることは否定できない。

そんな中で、今年の金足農の戦いは、まるで時代に逆行するかのようでもあった。最後まで「9人野球」を貫き通したのである。

もっとも、それは結果としてそうなったということでもあった。

「本当は、（吉田を）もっと早く代えてあげられたらよかったのかもしれませんが、吉田のチームでしたから……」

試合後、中泉一豊監督は吉田投手が甲子園だけでも881球を投げたことや、どこかで投手を休ませる考えはなかったのかというようなことを質問されて、振り絞るようにした声でもあった。

こうした戦い方を「昭和の野球」と表現するメディアもあった。それは、高校野球全盛期とも言われた昭和40〜50年代を称えてのものなのか、あるいは、もはや平成も30年で終わって新しい時代を迎えようとしている中で、「旧態依然として古臭い」という意味合いも含めてのものなのか、その真意はわからない。ただ、昭和の時代の高校野球は、特に強豪と言われていたチームの多くは9人のメンバーが固定されていて、投手もエースが一人で投げ抜いていくというスタイルだった。

レジェンド始球式にも登場した徳島商の板東英二投手（中日、引退後は解説者とともに俳優としても活躍）などは、延長18回引き分け再試合を含めて6試合62イニングを投げて、奪った三振は83という不滅の記録を残している。また、決勝戦で史上初の引き分け再試合を演じて、この大会でも決勝戦のレジェンド始球式に登場した三沢の太田幸司投手も1回戦の大分商との延長10回を含めて、6試合64イニングを一人で投げ切っている。

近鉄にドラフト1位指名で入団し引退後、現在は解説者で女子プロ野球のテクニカルアドバイザーも務めている太田幸司。以前、甲子園の高校野球の今後について、球数制限や投球回数制限などを尋ねたとき、かつての東北訛《なま》りから、すっかり関西訛りになった軽快な口調でこう答えてくれた。

「（三沢にも）ほかに投手がおらんわけではなかったんですけれども、オレが投げなかったら負けるやろうと思っていましたね。だから、甲子園では自分が投げるのが当たり前やと思って投げていましたから、（連投でも）別に何も思わんかったですね」

当時の高校野球のエースと言われた選手としては、偽らざる心境だったであろう。

今年の金足農は、そんな時代の野球を思わせてくれたということだろう。その是々非々を問うというものではない。それよりも、今の時代にそうした戦い方を貫けたということが、金足農の力にもなったということである。

「本当は、二年生が何人か入っていて経験することが（次の新チームのことなどを考えても）ベストなのでしょうけれども、結果として三年生がレギュラーとして選ばれたということでした。ウチの打撃力からすると、バントというのは必然的なことでもありますから、その練習は徹底していました」

中泉監督はそう語っていた。戦い方の戦術として、結果的にチームの選手の能力を引き出していくうちに、「昭和の野球」のようなスタイルになっていっていたということだろう。そして、究極のバントの形として表れたのが、準々決勝の近江戦での2ランスクイズだったのだ。

ちなみに、甲子園で逆転サヨナラスクイズで試合が決まったというケースは夏に5回、春に1回あるのだが、2ランスクイズで逆転サヨナラというのは史上初めてのことだった。

また、2ランスクイズは昭和40年代に広島商がよく用いていた戦法でもあった。1973（昭和48）年夏に全国優勝を果たしている広島商は、3回戦では日田林工に対して2ランスクイズを決めているのだが、初出場だった日田林工の原田博文監督は、「こんな戦法があるのか」と悔しがり、「2ランスクイズを決めるためにもう一度甲子園に出場したい」と誓いを立てて、3年後にその思いを果たしている。そんな執念があったのも昭和の野球らしいかもしれない。

ところで、その年の広島商は静岡との決勝でも、同点の9回裏に大利選手がスリーバントスクイズを決めてサヨナラ勝ちしている。三塁ランナーが思い切ってスタートを切っている中、確実に打球を転がしていくというオーソドックスなスクイズだった。

スクイズも時代の流れとともに、やり方に変化が生じてきている。今では打者が相手の守備体型を見てスキを突くところへ転がして、それを見てから三塁走者の判断で走るというセーフティースクイズが主流だ。それだけに、今年の夏にスタンダードなスタイルのスクイズを決めていた金足農の戦いは、やはりいい意味でも昭和的だったのかもしれない。また、練習試合から、何度もトライして、こうしたスクイズを決めていたという。それが、甲子園で花開いたということである。

野球帽のつばがメッセージだらけになった。絆を確かめた言葉が持つ力を知る！

金足農の選手たちは甲子園入りにあたって、帽子を新調した。彼らは帽子のつばに試合に臨む思いを記していた。吉田輝星はこれまで「覚悟」の二文字を記してきた。「マウンドは俺の縄張り」という、激しい言葉も書き加えこともあったが、それは投手としての責任の重さを十分に自覚していたからだった。投手は、ゲームを支配する。自身の好不調が勝敗を決めると言っても過言ではない。夏の甲子園の決勝戦前夜、吉田は「死ぬ気で投げる」と書き加えた。チームの命運を背負う覚悟と責任を常に感じていたのだろう。

また、他選手も帽子のつばに決意を記していた。大友朝陽は「志」。一度決めたことは曲げ

未知への到着！

悲願の決勝進出を決め、捕手の菊地亮太と喜び合う吉田輝星投手。このときすでに吉田の身体は疲労のため、下半身がガタガタで限界に達していた。それでもその先にあるものを目指して自らを奮い立たせた。

たくないからだと言う。菊地彪吾は「彪」と記していた。意味は語らなかったが、人名辞典などによれば、「鮮やかに目立つさま」なる意味があるそうだ。菊地は字のキレイな吉田に頼んで書いてもらった。髙橋佑輔は練習用の帽子には「負けに不思議なし！」の文字と、明桜、角館の学校名を書いていた。両校とも公式戦で敗れたライバル校だ。明桜には昨夏の県大会決勝戦で、角館には2017年秋季県大会で「あと1点」が届かず、悔しい思いをした。その気持ちを忘れなければどんなに厳しい練習にも耐えられる。「もう二度と悔しい思いはしたくない」という思いからだった。

捕手の菊地亮太は寝ているときに、イタズラで「太」の文字をナインに勝手に書かれたという。聞けば、金足農ナインはそんなイタズラが多いそうだ。だが、悪ふざけではない。彼らは強い絆で結ばれている。彼らは別々の中学校の軟式野球部で育ったが、学校の公式戦を終えると、「高校でも野球を続けるための準備」として、硬式野球クラブの秋田北シニアに入門した。そこで、主力メンバーの大半が知り合ったのだ。1番バッターを務めた菅原天空が中心となった。菅原の父は金足農の現役コーチで、同校ＯＢでもあった。当然、彼らは進学先として金足農を意識するようになる。

「金足農に行って、一緒に野球をやろうぜ！」

金足農ＯＢの父親を持つ吉田が賛同した。後に主将を務める佐々木大夢、6番の髙橋佑輔らも同調した。4番の打川和輝はほかの強豪校に誘われていたのでためらったが、最終的には仲間を選んだ。だから、彼らは家族のような仲間意識が強い。金足農に進んだ後、友情はますます深まった。「フライばっか上げてんじゃねえよ」「ちゃんと捕れよ」――。仲間だから、調子の上がってこない者にもはっきりと言う。そして、お前はもっとできるはずだという思いを込めて、帽子のつばに勝手に何かを書き込むこともあるそうだ。

吉田の「覚悟」の二文字は汗で消えてしまったときもあった。吉田自身が新しく書き直さなければ誰かが書く。

「後はお前に任せたから」

決勝戦で吉田が途中降板してマウンドを譲ったとき、それを引き継いだ打川は短い言葉ながら、吉田の言いたいこと、胸に秘めた思いのすべてを感じ取っていた。帽子のつばに記された言葉は、彼らの絆の証でもあったのだ。

〝自由化〟で農業苦戦の時代なのに、あえて農業高校進学を選んだのは

日本国内で栽培、収穫された農産物が、美味しくて安全なことは、世界中によく知られたところではある。しかし、1千万人を優に超えていた50年前と比較すると、80％以上も減少してしまった約200万人が、現在の日本の農業者人口という、非常に厳しい統計が出ている。政

府も、農業者人口を増やそうと、様々な政策的フォローを行っているが、新規に農業へ参入する人の約70％が生計を立てられない状態に陥るともいわれ、斜陽産業から抜け出すメドは、残念ながら、まったく立っていないのだ。

おまけに、ＴＰＰ（環太平洋貿易協定）やＴＰＰから離脱した、トランプ大統領が率いるアメリカとのＦＴＡ（二国間貿易協定）といった、いわゆる農業や農産物に対する〝自由化〟の波もあり、どうしても高いコストを要する、日本の農業や農産物は、さらに深刻な危機的状況を迎えようとしている。

こういった、農業への逆風にもめげず、秋田県立金足農業高校は、広大な敷地と数々の農業関連施設を持つ専門的高等学校として、明日の日本の農業を支える、若く、優秀な人材の育成を目指している。

現在金足農には、生物資源科、環境土木科、食品流通科、造園緑地科、生活科学科の５つの学科が存在している。１学年における各学科の定員は35名で、学校全体の定員は、５２５名。野球部のエース、吉田輝星が在籍するのは、このなかの環境土木科で、学校案内に掲載されている、環境土木科の学科目標には、「快適な生活空間の創造を目指した農業土木者技術者として、時代の進展にも対応できる人材の育成」が謳われている。主なカリキュラムには、主要作物の栽培、地域の環境調査、農業土木の設計、測量など。吉田も日々の勉学のなかで、立派な農業従事者となるための研鑽《けんさん》を積んでいるわけだ。

叶え！

届け！　天へのメッセージ！
「マウンドは俺の縄張り　死ぬ気の全力投球」
そう帽子のつばに記《しる》して
吉田輝星は
大阪桐蔭戦に挑んだ。

とはいえ、吉田の場合は、将来、農業に就くことを前提としての進学、ということではなさそうだ。わかりやすく言ってしまえば、「金足農で野球をやりたい！」という強い気持ちが、この県立農業高校へ進学した最大の理由だった。

金足農は、専門性が高い学校ということもあり、偏差値的なことをいえば、それほどの難関校というわけではない。しかも、34年前には、甲子園でベスト4に進出し、あの桑田真澄、清原和博を擁したＰＬ学園と好勝負を演じた経験を持つ、野球名門校でもある。秋田北シニアで出会った少年たちが、ともに進学するには、まさに打ってつけの高校だったのだろう。

その多くが中学生時代から一緒にプレーした、旧知の間柄であるだけに、金足農ナインの結束力は、一種独特のものがある。それは、単なる仲良しクラブというのではなく、お互いに、言いたいことを言い合える、本音もぶつけあえる仲間だったからこそ、培われたものだった。実際、お互いのミスを罵り合ったり、チームバッティングができていないことを厳しく咎めたりと、練習における金足農ナインのやり取りは、周囲で聞いている人からすれば、まるで喧嘩をしているように思えたのではと、ナインたちも証言している。

しかし、上辺だけでなく、心の底の思いをぶつけ合うことで、いざ一体となったときの結束力は、凄まじいものがあった。そのプレーを見ているものにも感じ取ることができた、本物の信頼関係。吉田の大活躍だけでなく、金足農ナインが高い注目を集めた要因は、そこにもあったはずだ。

息切れガス欠投手だった吉田が「これだ！」と目覚めて取り入れた練習法とは？

甲子園で吉田輝星投手と対戦した高校はもちろん、プロ野球スカウト、専門家がその速球の威力と投手センスを絶賛していたのは繰り返すまでもないだろう。また、投球時に使用していたマウスピースも彼の活躍で流行のアイテムとなりそうだ。それだけ強いインパクトを残したわけだが、関係者たちは、こうも漏らしていた。「こんな凄いピッチャーがいたのか」「ここまで凄いとは聞いてなかった」――。つまり、吉田の評価は甲子園に来て上方修正されたのである。

これまでの吉田については「秋田県に好投手がいる」という話が出ている程度だった。しかし、今夏の甲子園でベールを脱ぎ、「前評判以上だ」と称賛されたのは、吉田自身が「このままではダメだ」と自覚し、さらに上を目指して努力した結果でもある。

吉田は一年生夏からベンチ入りしている。二年生途中からは事実上のエースだったが、大きな欠点もあった。それは試合終盤に失点してしまうことだった。持ち球のスライダーがイマイチだったため、ウィニングショットの決め球にならず、ストレートで勝負するしかなかった。ストレート勝負の力投を続けていれば、試合終盤でバテてしまい、〝ガス欠〟状態になっていた。また、若干だが、制球難も指摘されていた。こちらは八戸学院大の正村公弘監督の「投げるとき、ヒジの位置をもう少し下げてみなさい」という助言によって克服できた。不思議なものである。制球難が克服されると、スライダーも鋭角な曲がり方をみせるようになった。しかし、吉田はそれで満足しなかった。スタミナアップのため、冬場の基礎トレーニング期間、徹底的に走り込んだ。

「走りすぎじゃないのか？」

中泉一豊監督が心配するほどだった。また、ほかのスポーツ競技部の友人にも練習方法について話を聞きに行き、試行錯誤を繰り返しながら学んだ。「こんな練習法がある」と聞けば、まずはやってみる。

自分に合わないと思ったら止めて、別の練習法を模索する。その繰り返しだった。そして、たどり着いたのが、「ランニング、ソフトボール、バスケットボール、遠投、ブルペン」というルーティーンだった。

ランニングの後、外野の芝生付近に行き、ソフトボールのウインドミル投法をやる。平たくいえば、ソフトボールのピッチング・フォームである。ソフトボールの下手投げをやった後、バスケットボールのフリースロー・スタイルでボールを上空に投げる。

すべて野球の硬式ボールを使ってやっていたが、効果はバッチリだった。吉田は甲子園の大会中、そのルーティーンの効果をこう語っていた。

「ウインドミル投法をやると、肩の可動域が広がると教えてもらいました。試したら、凄く楽に腕が振れるようになって、手首やヒジの柔軟性にもつながりました。フリースローは膝を曲げて、腰、肩甲骨、肩、ヒジ、手首、指先と力を伝えていく感覚です。ボールに力を伝える感覚が良くなりました」

また、遠投のパートナーも二年生の控え投手、関悠人で固定した。吉田はこの後輩に「ハッキリ言ってくれ」と伝えてある。パートナーを固定することで日々の違いを知るため、リリースのポイントや肩の開きなど、いつもと違う点があったら先輩だからと遠慮せずに指摘してほしいという意味だ。

ブルペンでも効果が表れ始めた。菊地亮太捕手のキャッチャーミットは、1、2カ月で紐を交換しなければならないほどのダメージを受けた。ボールのスピード、重量感が増したのである。少年時代の吉田はプロ野球選手のマネをして、アンダースローで投げたこともあった。好奇心が旺盛なのだろう。

身長176cmで、投手としては決して大きくはないが、厳しい練習によって鍛え抜かれ、首回りもガッチリと太くなり、特に下半身はどーんと逞しく、春先には体重も増えて81kg、と17歳の少年にしては見事すぎる堂々とした身体になった。

「雑草軍団」となぜ呼ばれるようになったのか？「軍団」で最も有名なのは？

今大会でマスコミは、金足農をこう呼んだ。ほのぼのとして、それでいて逞しく、力強く、ひたむきなナインの姿勢は、まさに雑草軍団の名に相応しい。全国からエリートたちを集めた私学の野球名門校に立ち向かう公立の農業高校。この組み合わせが多くの人の心をとらえ、甲子園での金足農ブームを作った。

「金足雑草軍団！」

「金足農雑草軍団」の命名者は、手堅さが持ち味の金農野球の礎を築いた嶋崎久美元監督である。嶋崎氏は監督として34年にわたって野球部を指導してきた東北の知将である。

その嶋崎氏率いるチームが１９８１年、春の東北大会で、当時超エリートの東北高校に初めて勝利したとき、

「うちのチームは雑草、東北高校は超エリート。雑草がエリートを倒した」

と話したのが記事となり「雑草軍団」として県下に広まり今日に至った。

軍団といえば、最も有名なのが、石原裕次郎の石原プロを称した「石原軍団」であろう。「石原軍団」は、石原裕次郎、渡哲也をトップとして、舘ひろし、神田正輝ら俳優たちと、ス

タッフらのことで、最盛期には200人余りの人数で構成されていた。

あの有名な人気テレビドラマ『西部警察』はそこから生まれた。徹底した男だけの縦社会で、一つの目的のため、一糸乱れず行動し、場合によっては命まで賭して危険なカーアクションや、爆破シーンなどのロケ撮影などを行った。その徹底した行動力と団結力にいつしか芸能マスコミは石原プロのことを「石原軍団」と呼ぶようになった。

ちなみに石原軍団は、阪神淡路大震災、東日本大震災、熊本地震の被災地での「石原軍団炊き出し」ボランティアでも有名である。

この石原軍団にあやかって作られたのが、これもまた有名なビートたけしの「たけし軍団」だ。たけしが尊敬する渡哲也らの、石原軍団に近い男だけの縦社会だ。

プロ野球で初めて軍団という名称がつけられたのは、1975年9月10日悲願の初優勝をした広島カープだ。

この年、万年Bクラスのカープの再建に向けてルーツ監督が着任、赤いヘルメットに赤いユニフォームでチームを一新させ、「赤ヘル軍団」旋風を巻き起こした。

いずれの軍団に共通するものは、尊敬できる、指導力のあるボスの下《もと》で、会社、チームのために命を賭す！　という姿勢と覚悟である。それを支えているのが〝男気〟という熱い心の絆である。

金足農ナインは家族だ！　中学時代から「みんなで金足農にいこう」実は父母会も同窓生ばかり

戦前の中等学校野球時代からの長い歴史のある高校野球。１００年以上の歴史の中で、金足農の決勝進出は秋田県勢としては第１回大会以来の１０３年ぶりのこととなったのだが、農業校としては１９３１（昭和６）年、当時は日本統治下にあった台湾代表の嘉義《かぎ》農林以来の史上２度目のことだった。

そもそも、農業校自体が全国的にも少なく、しかも、時代の流れの中で、農業系の学科のみの学校で農業校を名乗る学校は極めて少ない。秋田市の北西部に位置する金足地区にある公立の農業高校ということもあって、甲子園で活躍する私学の強豪校と言われているところのように、全国から有望な中学生が集まってきているとか、少なくとも隣県含めて県外から生徒が入学してくるということはまずない。基本的には、秋田市周辺をメインとして秋田県の生徒しかいない。

そんな学校だが、金足農の県内の野球部の勢力構図としては、上位にランクされている。具体的に言うと、県内随一の進学校で伝統もある秋田高と、そのライバルでもある秋田商と、かつては秋田経済大附（その後、秋田経法大附）という校名で全国的にも名を轟かせたことのある、現明桜に続く勢力としての位置づけということになる。

だから、県内の野球で頑張りたいという生徒で本気で甲子園を目指したいという生徒は家が農業関係の家庭ではなくても、金足農を志望するというケースは少なくない。その背景には、過去の実績から農業校ながらも青山学院大などへの進学ルートもあるということも大きい。90年以上の歴史を有する学校でもあり、金足農の卒業生も県内には多くいる。そんなＯＢやＯＧたちの子どもで、野球に親しんでいた子どもであれば、「金足農で野球をやろう」という意識になることも多いはずだ。

地元ではユニフォームの表記にもあるように「ＫＡＮＡＮＯ」と呼ばれて親しまれている。秋田高の白地に濃紺、秋田商のワセダカラーのエンジ、縦じまの明桜に対して金足農の紫色というのも憧れのユニフォームの一つとなっている。

そんなユニフォームの持つイメージも大きいのだろうが、中学球児たちは、野球で進学を考えたときに、同世代で能力のあるとみた選手がどこへ行くのかということで進路が左右されるというケースは多い。

吉田の場合は、父親の正樹さんも金足農の野球部出身で、現役時代は投手として秋田大会決勝で涙を呑んでいるが、金足農を背負っていた。そんな父親に育てられてきたのだ。

吉田は小学校入学を機に、父からグローブを買い与えられ、野球に興味を持つようになった。小学校3年から地元の天王ヴィクトリーズ野球スポーツに入団。キャッチボールを始めるといつまでもやめようとしなかった。

「投げるのが純粋に楽しかったんでしょうね。野球に関してだけは厳しくしてきました」

という父親は、なかなか息子を褒めないということでも知られていた。それはひとえに、自分が果たせなかった「KANANO」のユニフォームで甲子園のマウンドに立つという思いを実現させたかったからである。

天王中では3年の時、エースとして全県少年野球大会に出場してベスト4にまで進んだ。低めに集まる速球と切れ味抜群のスライダーで、最も注目を浴びた。

吉田少年は迷うことなく進路は最初から金足農と決めていた。

「天王中の吉田が金足農へ行くのならばオレも」

金足農に県内の中学の有望な選手たちが集まってきた。公立校ながら、県内から通いきれない生徒のためには、84年から下宿をさせてくれる地元の温かい支えもある。そういった周囲の環境などもあって、金足農の生徒たちはファミリー感が強くなっていくといってもいいであろう。

金足農の特徴としては、「声は技術」という考え方がある。その表れの一つとして、甲子園でもすっかり有名になってしまった、反りかえって歌う全力校歌斉唱があるが、それもチームとしてのまとまり、ファミリー感を強くしている。

「声を出せば気持ちが高まり、集中できる」

そんな考え方も定着し、選手たちの意識が自然にまとまりを作っている。元々、地元で集まってきた仲間である。そんな仲間が「甲子園」という一つの大きな目標に向かって頑張っていっているのである。まとまらないはずがないのだ。たまたま、吉田輝星が大きくスポットライトを浴びて、大会の進行とともにヒーローとなった。しかし、吉田がチームから浮いているという印象は一つもなかった。吉田がルーティーンとしていた「シャキーンポーズ」と言われた刀を抜くようなポーズも、自然の中から出てきたものだったが、審判から注意を受けても、誰も非難するものではなかった。そんな無邪気さがむしろ、金足農の自然さだったのかもしれない。

都会の空気に染まり切らない中で、金足農の選手たちが、その後も健やかに自然な形で伸びていくことを祈りたい。そして、今年の活躍もまた、新たな伝統の蓄積として、「ファミリー感のある農業高校」というイメージで、また、新たな「ＫＡＮＡＮＯ」が進んでいくはずだ。

「一見、ケンカしてるんじゃないかと……」

金足農の練習を見学したことのある地元関係者がそんな印象を話してくれた。主将の佐々木大夢も夏の甲子園決勝戦前のインタビューで「練習はほとんどケンカみたい」と笑っていた。ケンカはしていない。言いたいことは、ハッキリと言える家族のようなチームなのだ。中学校から、「みんなで一緒に金足農に行こう」と申し合わせた仲でもある。そのせいだろう、甲子園入りする直前合宿の最中も、納得するまで徹底的にトコトン話し合って、お互いを磨き合ってきた。

また、こうした連帯感は彼らだけではなかった。中泉一豊監督、吉田輝星の父は同校ＯＢで嶋崎久美元監督の教え子、菅原天空の父は中泉監督のもとでコーチを務めている。吉田を投手として飛躍的に成長させた八戸学院大の正村公弘監督も嶋崎元監督と親交があった。

こうした金足農の交遊は、寄付金集めにも影響していた。全国的なムーブメントを起こす前の話だが、学校職員は領収書を持って秋田市内を一軒ずつ訪ねて回ったのだが、農協、商店街、会社など、「ここなら、金足農の卒業生がいそうだから行ってみよう」と、ＯＢの有無でインターホンを押すかどうかの判断基準にしていた。「ほかにＯＢのいる会社をご存じありませんか」とも聞き、聞かれたほうも「後輩たちが頑張っているのなら」とわざわざ電話をかけ、「今から学校の先生がそっちに行くから」とひと言入れてくれたのだ。

「吉田君の住む潟上市では何かしらの表彰を検討しているそうです。藤原一成市長は元教員で金足農の教壇に立った経験もあって」

先の地元関係者がそう言う。秋田県は団結力の強い土地柄でもあるようだ。

吉田が夏の甲子園決勝戦でマウンドを降りる決断を下す直前のことだった。本調子ではない吉田は走者を背負う苦しいピッチングが続き、セカンドの菅原天空が近づいた。檄を飛ばそうとしたら、吉田の口元が動いた。「もう投げられない」」、菅原にはそう見えたという。大阪桐蔭の強力打線をどうにかしのぎ、金足農ナインがベンチに帰ろうとしたとき、菅原は佐々木主将にそのことを告げた。佐々木主将が代表して中泉監督のもとに行く。監督と吉田が二言三言、言葉を交わす。

吉田から出たのはチームに迷惑をかけたくないとする言葉だった。仲間を思う気持ち、信頼が強い金足農を作ったのである。

選手のスカウトをめぐる高校野球の二極分化に一石を投じた金足農の育成法

今は、高校野球でも選手の中学時代の球歴にもスポットが当たっていく時代になってきた。高校野球専門誌などでも、選手の経歴には出身中学とは別に「前所属チーム」という形で、中学時代のクラブチームなどが明記されていることがほとんどだ。というのは、現在甲子園で活躍するような選手の多くが、中学時代は学校の部活動としての野球部ではなく、ボーイズリーグやシニアリーグなどで活躍しており、そうした少年野球チームのどこに所属していたのかということの方が、現実には、出身中学校よりも情報としての価値が高いということもある。

現在の高校野球のルールでは、1学年5人までを目安としてのガイドラインとして特待生として入部させられることとなっている。もっとも、私学としては学校の方針として学業特待や特別推薦枠、学校奨学生など、さまざまなシステムを駆使し、その枠を広げる工夫をしているところもある。

また、私立の場合は学校によっては、県内だけでは生徒そのものの絶対数が限られているということで、県外からの生徒も積極的に受け入れられるようにしているところも少なくない。経営方針としても、生徒確保の幅が広がるわけでいいことになる。施設としても寮などを完備して、野球に限らず多方面の優秀な生徒や、県外からでもぜひ入学したい、この学校で学びたい、野球をしたいという思いのある生徒を受けて入れていくという姿勢を打ち出しているところもある。

いずれにしても、高校野球をやりたいという生徒にとって、その意識が高ければ高いほど、「どこ（どの学校）で甲子園を目指すのか」ということは、一番重要な要素となる。そんな生徒にとって、学校の選択理由はさまざまだ。

もちろん、受け入れ側となる学校としても、生徒が希望してくれるということは有難いことである。だから、希望者には受験することを進めていくというケースがほとんどであろう。

とはいえ、野球部として高いレベルで質の高い練習をしていこうとすると、あまりに所帯が大きくなってしまうと、指導者も目が行き届かなくなる。コーチ陣などを配したとしても、必ずしもすべてを把握していけるかというと、そうではないという懸念もある。そうなると、いじめや部内暴力といった不祥事が起きないとも限らない。

やはり、監督不行き届きとなる危険性は避けられない。だから、そんなリスクを廃除するためや、指導者が責任を持って卒業後の進路を含めて面倒を見られるということで入部者を制限しているというところもある。

智辯和歌山や桐光学園など、甲子園でも実績のある有力校でもそうした人数制限で枠を決めているところもある。そういう学校では、希望者を募るというよりも、やはり有望な中学生に対して積極的に声をかけて勧誘していくというところもあるだろう。

学校によっては、コーチの役割の一つとして中学生の勧誘をしていくことをほぼ専任としているところもある。

名刺の肩書としても「コーチ」とともに、「渉外担当」や「広報担当」として、中学の指導者などに会って話しをすることのできる立場を明解にしているところもある。また、選手を送り出す側も、そうした役割が明解になっている人のところとは相談しやすいし、安心できるということもあるだろう。

だから、そうした役を担っている指導者たちは、中学生の大会などにも積極的に足を運んでいる。実際、ボーイズリーグやシニアリーグなどの中学硬式野球チームの全国大会や、統一大会となっている夏休みに行われるジャイアンツカップなどでは、全国の有力校の監督や部長、あるいは渉外担当コーチなどがネット裏に集合して、それぞれの思いで選手を見ているなどという光景を目の当たりにする。

それは、甲子園にプロ野球のスカウトが集合して高校野球の有望選手をチェックしていることの、高校野球版ということで、まったく同じだとも言えよう。

建て前はともかくとして、現実にはそうした形で、高校野球の有力校や野球部を強化指定部としている私立学校などでは、積極的に中学生を勧誘しているのである。

そして、当然のことながら誰が見ても有望と思えるような選手には、複数の学校から声がかかる。

こうなると、売り手市場と買い手市場の力関係も出てくる。買い手市場側の高校としては甲子園での実績があるところなどは、強気に出られるところもあるかもしれないが、そうでもない新鋭校や、まだ実績を作れていない一般的に言われる無名校では、さまざまな条件を付け加えて選手を確保していくという手段に出ることもある。売り手市場側は、その中から好条件のところに動くということもあるだろう。

よく言われることだが、育成の三要素としては、「見つける、育てる、生かす」ということがある。ただ、その三要素の中で現在の高校野球では「見つける」の要素が特化しているようにも感じられる。

そして、素材を見つける能力がある学校が、やはり実績を挙げやすいわけで、そうなると、そんなところには自然に有望選手が集まってくるという構図になっていく。

こうなっていくと、受け入れ側としても「見つかる、育つ、生きる」ということになり、それがまた実績となっていく。

こうして、高校野球の二極分化はさらに加速的に進行していくことは目に見えている。どの世界にも言えることではあるのだが、高校野球の場合は現実には、ますます建て前と本音との乖離も生じてくるということも否めない。

だからといって、高校野球部のスカウト活動を否定できるものでもない。とはいえ、公立校の、地元で「集まった」選手たちだけの同学年10人が不動のメンバーとして戦って全国二番目という位置を獲得した金足農の例もある。今回の準優勝が二極分化の進む高校野球の現実に対して、一石を投じたということは確かだ。

輝星くんのお父さん、お母さん、おじいちゃん、弟はどんな人なの？

吉田輝星は2001年（平成13年）1月12日に秋田市で生まれ、幼少時代に潟上市《かたがみ》に転居して育った。

潟上市天王町《てんのうまち》の地元では野球一家として知られる吉田家。9月に宮崎県で行われた「U－18アジア選手権」では家族そろってスタンドから日本チームに声援を送っていたが、輝星の野球をずっと後押ししてきた。吉田輝星はこの町から秋田市金足追分にある金足農まで電車で通学している。

輝星の父親である正樹さんも金足農野球部ＯＢであるが、では、いったいどんな選手だったのか。当時、指導した嶋崎久美元監督は輝星と似ていたと明かす。

「速球派の右ピッチャーで、エースにはなれなかったが、２番手ピッチャーとして３年の夏には県予選でも登板もしています。投げ方がきれいで、輝星のフォームは似ている。正樹が小さいときからキャッチボールの相手をしたから、輝星も素晴らしい投げ方を身につけられたんじゃないですか」

輝星の美しいピッチングフォームは親譲りのようだ。

ピッチャーとしてすぐに才能を発揮して、天王中野球部時代は３年のときにエースとしてチームを21年ぶりの県大会出場に導き、さらに同大会でも快投を重ねてベスト４入り。金足農に入学後も１年の夏からベンチメンバーに選ばれる。順調な野球人生を歩んでこられたのは父親の教育の影響が少なくない。遠投は80メートル、50メートルは６秒３となかなかの俊足だ。

「子供のときから厳しく育ててきたみたいですね。輝星は練習や練習試合でも会えば必ず挨拶しにきてくれるなど人間性もキチッとしていますし、野球に関してはめったにほめることはしなかったそうです。そうやって満足させることなく、向上心を養ってきたのかもしれません。ただ甲子園での活躍ぶりは、さすがにほめてあげたんじゃないですか」

そう嶋崎元監督は話す。

正樹さんの代の３年の夏は秋田経法大附属（現明桜）の前に甲子園への道を絶たれているが、

県決勝まで勝ち進んでいる。正樹さんの同級生には現在、金足農のコーチを務める菅原天城《たかき》さんがおり、息子はリードオフマンとして輝星とともに甲子園準優勝に貢献した天空。奇しくも息子たちの県決勝の相手は同じ明桜で、見事に父親の無念を晴らしての甲子園出場だったのだ。そして、輝星の甲子園での熱投は、聖地のマウンドに立つことができなかった「父親の分まで」という思いがあっての頑張りだったのだろう。

梨農家の輝星の祖父、理正《りしょう》さんも金足農ＯＢ。野球部ではなかったものの野球が好きで、正樹さんの高校時代も熱心な父兄だったという。輝星に技術的なことを教えたということはないようだが、幼いときから練習相手になり、甲子園のテレビ中継も一緒に見た。中学時代は帰宅してからのランニングの際、暗い道を走るのを怖がる輝星のために自転車でついていきライトで照らしてあげたという心温まるエピソードも残っている。

７歳年下の弟・大輝《たいき》君も兄の背中を追う野球少年。小学２年から兄と同じ「天王ヴィクトリーズ」で野球を始め、ポジションは同じピッチャー。打つ方でも中軸を任されている。幼いころは輝星にキャッチボールをしてもらい、現在はアドバイスを受けることもある。すでに高い素質の片りんを見せているといい、チーム関係者もその成長を大いに楽しみにしている。

「輝星が今の大輝と同じ5年だったときと比べると体格は大輝の方が大きいですね。加えて輝星も自分というものをしっかり表現できる選手でしたけど、その点でも大輝の方が勝っているように感じます」

甲子園でもアルプス席で兄のおさがりのTシャツを着てメガホンを叩きながら応援している姿が見られたが、大舞台の雰囲気を肌で味わっただけではなく、成長のきっかけを手にして帰ってきたというから、実にしっかりしている。前出のチーム関係者が続ける。

「輝星はピッチングのギアが3段階あって、場面に応じて投げ分けていましたが、そういう姿を見てきてから、大輝もピッチングの組み立てや力の配分を考えて投げるようになりました。輝星のときと同じく、お父さんがしっかり教えているのでしょうが、そういう勘の良さも持っていると思います」

優れた野球センスに恵まれ、熱心にサポートしてくれる父と祖父、そして兄という最高のお手本があり、大きく成長していく土壌は整っている。目標とする兄に続いて甲子園で活躍することを夢見ているが、そうなれば顔もよく似たイケメンなだけに、また吉田フィーバーが起こりそうだ。

二人の兄弟を育てた母のまゆみさん。特に、毎日朝5時に家を出て通学、夜は9時に帰ってくる吉田輝星の日々の生活を支えているのは、まぎれもなくまゆみさんだ。

輝星が秋田に凱旋したときのインタビューで、

「家に帰って、白いごはんと肉を食べた」

とまゆみさんの手作り料理を嬉しそうに話していた。ちなみに、輝星の大好物は豚のタンで、毎日ねだるほどだという。

準決勝の日大三高戦は9安打1失点で完投。秋田県勢としては、実に103年ぶりの決勝進出となった。甲子園は一気に金足農フィーバーで盛り上がった。

⑪ 吉田の制服ズボンがダボダボなのは、「練習の虫」と関係あり

伝統的に、猛練習でならす金足農野球部。かつては、「地獄の田沢湖合宿」が、冬場に行われていた。

その内容は、まさに苛烈。選手時代に、田沢湖合宿を実際に体験した、中泉一豊金足農監督によると、朝練から、田沢湖周辺のアップダウンの激しい道で長距離走、これに、100メートルはある坂道を使ってのダッシュ20本が加わる、超ハードな一日の幕開けだったそうだ。朝食後も、30分の休養をとっただけで、午前中の練習を開始。雪深い斜面を、部員同士が交互にオンブしあいながら上ったり、スキーを履き、平坦な雪道を、腕だけを使って前進したりと、とことん体をイジメ抜く時間が続いていく。

もちろん、午後にも練習がある。場所は、田沢湖畔の体育館。館内を何周も走った後に行われるのが、直線距離を匍匐前進で進む、通称「自衛隊」、腹ばいの状態で腕だけで進んでいく、通称「アザラシ」、足首をつかんでピョンピョン跳ねながら移動していく、通称「足首」といった、金足農独自のネーミングが施された、多彩な全身強化運動だ。

地獄の田沢湖合宿のメニューを考案したのは、嶋崎久美元金足農野球部監督。34年前に成し

遂げられた、甲子園大会における、金足農のベスト4進出は、嶋崎元監督が課した、猛練習の賜物といえるのかもしれない。

嶋崎監督から嵯峨育生監督、そして中泉監督にバトンが引き継がれたときに、田沢湖合宿は終了。それは、嶋崎監督の指揮があってこそのものだからという、中泉監督の強い思いからだった。

とはいえ、金足農の伝統となっている猛練習は、現在の吉田たちの代になっても変わらない。田沢湖を学校の施設に変えての1月の合宿でも、以前の午後のメニューは、ほぼそのままの形で引き継がれている。

徹底した走り込みと伝統的な体力強化法を踏襲した金足農のハードな練習メニューに耐え抜いただけでなく、チームメイトをオンブして走るトレーニングでは、自ら進んで、10キロも体重が重い4番打者・打川和輝とコンビを組んでいた吉田の肉体は、成長期の最中という時期的なものもあり、この2年数か月の間に、逞しく変貌を遂げた。特に、ダイナミックでありながら無駄のないピッチングフォームの源となっている、下半身の筋肉量は変化が著しく、太ももが太くなりすぎたために、しゃがみこんだときに、私服のズボンが張り裂けてしまったことも、数回に渡り経験したそうだ。

吉田の母、まゆみさんも、金足農入学以降の息子の肉体的変化を、驚きの眼差しで見守っていた。関西の放送局が制作する、情報生番組のインタビューを受けた際、まゆみさんは笑いながら、こんなエピソードを披露した。

「今年になって、何回パンツを買い足したかわかりません！」

ここからは、想像も入ってくる話なのだが、簡単に買い替えることもできない、金足農の制服ズボンは、母まゆみさんが、何度も縫い直したのではないだろうか。ウエストサイズは、あまり変化がなくとも、お尻や太もものあたりは、どんどん大きくなっていく。毎日着用する制服のズボンをスムーズに履くためにも、当然、太ももの部分は、広げる必要が生じてくる。

太ももの部分が広い制服のズボンといえば、30年数年前に、一部高校生の間に流行した、「ボンタン」を思い起こす人も多いかもしれない。もっとも、40歳代序盤の母まゆみさんは、「ボンタンズボン」と言われても、ほとんどピンとこないだろうが……。

1980年代に大ヒットした、ヒロシ、トオルの不良留年高校生コンビを主人公とした、青年漫画『ビー・バップ・ハイスクール』では、ときに熱血、ときに脱力の不良高校生たちの日常生活が描かれていたが、そのなかに、不良高校生にとってのアイデンティティともいえる「ボンタン」を、喧嘩の勝ち負けによって奪い合うストーリーがあった。

自分自身は不良でもないし、ボンタンを履いた経験もなかった人でも、「ビー・バップ・ハイスクール」の主人公たちと同世代のオジサンたちは、「ボンタンズボンを履いた高校生」には、一種の郷愁のようなものを抱くのではないかと思う。

もちろん、現代の高校生である吉田には、自分が履いている、修繕を重ねた制服ズボンの形状が、30年以上前に流行した「ボンタン」に似ているといった意識は、微塵もないだろう。とはいえ、現代の感覚からすれば、少々不条理ともいえる猛練習に耐え抜いてきた、吉田を筆頭とする金足農野球部ナインには、昔懐かしいバンカラの雰囲気も漂っている。その意味では、ZOZOタウンで通販されているようなファッショナブルなパンツでもなく、かといってユニクロで買った、現代風のこざっぱりとしたボトムでもない、ボンタン風の制服ズボンは、吉田にはピッタリとマッチしているように、思えてしまうのだ。

ワイドショーが吉田や金足農について集中的に報じたのは日本社会においての大きな理由があった！

強烈なキャラクターで注目された、日本アマチュアボクシング連盟会長（当時）・山根明氏に関する報道が一段落したこともあり、甲子園大会の準々決勝が終了した翌日の8月19日あたりから、大阪桐蔭との決勝戦が行われた直後の22、23日まで、民放各局のワイドショーの報道は、1回戦の鹿児島実戦から決勝戦の途中までを一人で投げ抜いた、エース吉田輝星を中心とした、金足農関連一色となった。

そこで取り上げられたのは、吉田というピッチャーが、いかに優れているかといったプレーヤーとしての側面だけでなく、好きな食べ物、趣味、学校での様子といったことも含めた、素顔の部分にも、大きなスポットが当てられていた。また、吉田と金足農ナインの間に結ばれた固い絆、金足農という、いまや珍しい存在となった公立の農業高校の特徴、県勢初の全国制覇を期待する、秋田県民たちの、かつてないほどの大きな盛り上がりといったことも、微笑ましい話題として、かなり詳細に取り上げられた。

ワイドショーを席捲した高校球児は、決して吉田が初めてということではない。２００６年夏の甲子園で、やはり1回戦から再試合となった決勝戦までを、ほぼ一人で投げ抜き、古豪早稲田実業を、初の夏制覇に導いた「ハンカチ王子」こと斎藤佑樹の報じられ方も、少々異常とも思われるくらいに過熱していた。おそらく、観る者の心を打つ素晴らしいピッチングに加え、ハンサムなルックス、高校球児らしい素朴で、健気な立ち振る舞いといった要素において、斎藤と吉田には共通するものが多かったのだろう。

さらに、斎藤の時代には、まだ普及していなかった、ツイッターやＳＮＳといった情報発信ツールが、吉田や金足農に対するニュースを、より細分化させていくことにつながったのも確かだろう。

多岐に渡ったワイドショー報道のなかで、ある意味、興味深かったサブネタが、「金足農の校則には、りんごを盗むと停学」という記述があるという情報。これは金足農ＯＢでもある、お笑いコンビ「ねじ」が、とある情報番組で語ったことが発端となっていて、「僕らの時代では」という前置きの後、「校内で栽培した、りんごを盗むと停学、梨を盗むと退学」、「豚をいじめてはいけない」といった珍校則を、パネルを使って解説したのだ。もちろん、これは、ねじのネタ。しかし、ＳＮＳを通じて、この話は、あたかも真実のように、世間に拡散されていく。そして、これを受けて、他局の情報番組が、金足農の現役高校生から生徒手帳を借り、「そういう校則は、実際には存在しない」ということを、わざわざ伝えていたりもした。

ワイドショーが、吉田や金足農について集中的に報じたのは、日本大学アメリカンフットボール部の監督を筆頭とする首脳陣が、関西学院大学との練習試合で自チームの選手に強要した、危険タックル問題、そして前述の日本アマチュアボクシング連盟会長への告発問題など、スポーツ界に蔓延るパワハラ報道が、長期間に渡り続いたことへの、アンチテーゼ的な側面もあったと思う、つまり、それ以前にスポーツ界に起きた暗く、閉鎖的な出来事を忘れさせてくれる一服の清涼剤を、多くの視聴者たちは、吉田や金足農ナイン、あるいは秋田県民たちに求めていたわけだ。

加えて、全国各地からエリートたちを集め、整った設備を最大限利用しながら、選手たちを強化していくような野球名門高校ではなく、県内の生徒だけを集めた公立高校が、快進撃を見せてくれたことは、日本人が好む「判官びいき」の気質にピッタリとフィットしたのだと思う。

もちろん、莫大な時間を費やして伝えられた、吉田、金足農に対する過熱報道に対する批判も出た。例えば、タレントのフィフィは、史上初となる二度目の春夏連覇を達成した大阪桐蔭への言及はほとんど為されず、大敗を喫した金足農ばかりに報道が偏ることに、大きな違和感を覚えることを表明した。

ほかにも、明らかに登板過多となっている吉田の肩やヒジの故障に対する懸念には、一切触れず、賞賛一色となるのは、報道を職業とするものにとって、あまりにもバランスを欠いているという問題提起や、「球児や観客の熱中症対策」、「過密日程の見直し」といった、甲子園が持つ陰の部分を、吉田、金足農報道が覆い隠してしまったという指摘も、一部のマスコミでは、頻繁になされてはいた。

それでも、吉田や金足農に対するワイドショー報道は、明るい部分だけをピックアップするもので、良かったのではないかという気もしている。その直後にワイドショーの中心的話題となった、女子体操界に巻き起こった暴力やパワハラ問題を見ていると、その対極にある吉田や金足農の存在が、スポーツ界のみならず、日本社会を少しだけ救ったようにも感じられるからだ。

インターネットを賑わした、漫画『MAJOR』の主人公茂野吾郎と吉田輝星が似ている説はたしかにそうかもしれない

桑田真澄（巨人→パイレーツ）、田中将大（楽天→ヤンキース）、前田健太（広島→ドジャース）、岩村明憲（ヤクルト→レイズ）、井川慶（阪神→ヤンキース）といった、いずれも日本プ

口野球のトップスターからＭＬＢ（メジャーリーグベースボール）への移籍を果たした名選手たちが、こぞってファンであることを公言している野球漫画が、満田拓也作の『ＭＡＪＯＲ』。１９９４年から２０１０年という長期間に渡り、「週刊少年サンデー」に連載されていた、この作品は、単行本にして全78巻という、超大作でもある。

また、２００４年から２０１０年にかけては、ＮＨＫ教育テレビ（Ｅテレ）において、６シリーズに渡るアニメ『ＭＡＪＯＲ』も放送されていただけに、漫画は読まなかったが、テレビは、とても熱心に観た、という人もいるかもしれない。

漫画『ＭＡＪＯＲ』は、主人公・茂野《しげの》吾郎《ごろう》の、リトルリーグ→中学校→高校→マイナーリーグ→メジャーリーグ→日本プロ野球と続いていく野球人生を、彼を巡る様々な人たちの感動的なエピソードとともに描いている。

波乱万丈な、茂野吾郎の野球人生のなかでも、単行本約23巻分を使って描かれる高校野球編は、人気の高いパートとなっている。そして、第１００回甲子園大会において、エース吉田輝星が牽引する金足農が快進撃を展開していくなかで、「吉田輝星と茂野吾郎」、「金足農野球部と茂野吾郎がキャプテンを務める聖秀学院野球部」、さらにいえば、「大阪桐蔭と聖秀学院の大きな壁となる海堂高校」が、とても似ているという話題が、インターネットを中心に、大いに盛り上がったのだ。

吉田と茂野が似ている点としてまずあげられたのが、そのルックス。いかにもピッチャーらしい、スラリとした体型と、ハンサムな顔立ちが、二人に共通していた。

ピッチャーとしてのスタイルもよく似ていて、左右の違いこそあれ（茂野はサウスポー投手）、オーバースローから投げ込まれる、球速表示以上に打者が速く感じる、伸びのあるストレートを大きな武器としていることや、ピンチや、試合の帰趨を決する大事な場面で、ギアを上げられることなどは、吉田、茂野の両者に見られる、素晴らしいストロングポイントとなっていた。

チーム内の立場という点でも、吉田と茂野は、相似形を描いている。ワンマンチームとまでは言い切れないが、両者ともに、「チームの絶対的中心選手」であることは、間違いのないところ。加えて、チームメイトの闘争心を鼓舞するようなリーダーシップも、決して下馬評が高くはなかったチームを強くした、ひとつの要因となっていた。

甲子園での金足農に、聖秀学院を重ねていた、漫画『ＭＡＪＯＲ』の熱心な読者を歓喜させたのが、３回戦の横浜戦で、８回裏に飛び出した、６番打者・髙橋祐輔の逆転３ランホームラン。『ＭＡＪＯＲ』でも、田代という聖秀学院のチームメイトが、「茂野、このチームは、お前ひとりじゃない」とばかりに、その奮闘に応える逆転満塁本塁打を放つシーンがあるのだが、髙橋の一発も、吉田の熱投が誘発したものだったのかもしれない。そして、逆転した後に、キッチリと相手打線を抑えるところも、茂野と吉田の共通点だ。

甲子園の地区予選準々決勝で、茂野率いる聖秀学院の進撃をストップさせたのが、甲子園優勝経験も豊富な海堂高校。日本全国にスカウト網を拡げ、素質のある選手を、次から次へと獲得していくのだが、実は茂野自身も、海堂にスカウトされ、短期間ではあるが、同校野球部に在籍していた。部内の競争も、非常に厳しいものがあるが、それを勝ち抜いてきたエリートたちの実力は、まさに圧巻なのだ。茂野は、その海堂相手に、延長12回まで好投したのだが、最後は力尽きる。このあたりも、大阪桐蔭との決勝戦における吉田の姿と、重なる部分が多い。

ちなみに前述の田代が、海堂戦の大ピンチの場面で茂野にかけた「悔いのない1球を投げ込んでこい。たとえこれがラストボールになったとしても、俺たちは今日のお前の１８４球を一生忘れねぇ」という言葉は、『ＭＡＪＯＲ』史上屈指の名セリフと言われている。

高校卒業後、茂野吾郎はすぐに渡米、マイナー生活を経て、メジャーに昇格し、渡米3年目から6年目の間に、最多勝2回、サイ・ヤング賞にも2度輝く。その後、故障の影響もあり、クローザーに転向するのだが、最優秀救援投手賞のタイトルを獲得したり、ワールドシリーズ制覇にチームを導いたりと、まさに野球殿堂入りも十分に望める、素晴らしい成功を収めることになる。

ひょっとしたら、吉田輝星も、大学から、日本プロ野球を経ずに、メジャー球団入りするという、現時点では、容易に想像が付かない野球人生を送る可能性もある。メジャーで、再び茂野吾郎を彷彿とさせるような快投劇を演じる。そんなシーンも、是非見てみたいものだ。

ところで甲子園に出場すると学校サイドの持ち出しはいったいいくらかかるのか?

甲子園出場を果たすと、一体いくらかかるのか? 潤沢な経営資金を持たない公立校はその費用の捻出にも苦労させられていた。

ベンチ入りする球児18人はもちろんだが、監督と部長、記録員を兼ねたマネージャー数人が交通移動費は出場校の実費となる。まず、ここで「地域差別」が生じる。甲子園球場は兵庫県西宮市にある。地元兵庫県と近畿圏の学校はそれほどでもないが、関東、東北、北海道、九州南部、沖縄の代表校はそれなりの支出となってしまう。

「関東圏の学校が決勝戦までコマを進めれば、1億円(の支出)は覚悟したほうがいい」(千葉県公立高校監督)

出場校の負担となっているのは、野球部員の交通移動費だけではない。ここに「応援団の遠征費」も加わるのだ。出場校は移動バス、食事、グッズなどの費用も準備しなければならない。応援団員、ブラスバンド部、チアガール、ベンチ入りから漏れた補欠部員、引率職員はもちろんだが、ここにOBや父母会が加わると、約1000人が移動する計算になる。関東圏の高校によれば、移動バスはチャーターで20台を確保し、「往復ともに車中泊としても、高速代を含めて1台あたり約30万円」とのこと。1回戦を戦うだけで、「30万円×20台＝1200万円」となり、勝ち上がるにつれ、1200万円ずつが消えていく。

学校職員、父母会を含め、1000人の応援団を編成したとする。アルプススタンド席の入場料は600円だから、1試合で60万円。ここに、全員が被る帽子やメガホン、応援の横断幕の代金が加算され、春のセンバツなら、防寒用のウインドブレーカー、夏の大会なら応援の統一Tシャツも人数分を制作しなければならない。

「寄付をしてくださった地元関係者、OB、父母会などへのお礼として、キーホルダー、タオルなどの記念グッズも学校が制作しなければなりません」（私立高校指導者）

これらの経費が800万円ほどかかるという。

学校OBや地元関係者からの寄付金はそれなりの額になるらしい。「一口5000円」で1000人の協力を得たとしても、500万円だ。1試合1200万円以上がブッ飛ぶ計算だから、それこそ不戦敗になってしまう。地元市役所、県庁、商工会議所にも事前に頭を下げるなど、協力の約束を取り付けておくのだ。

球場整備、チケット販売など甲子園の大会を影でサポートするスタッフは、基本的にボランティアだ。審判団もそうである。審判においては地方大会から数えてのべ1万6000人がグラウンドに立つ。本業の仕事を休んで奉仕する彼らもたいへんだが、高野連職員も無報酬だと言われている。NHK、大阪朝日放送によるテレビ放映料もゼロだ。また、甲子園球場も高野連からは使用料を取っていない。

99回大会の2017年まで、夏の甲子園大会は9年連続で80万人強の観客を動員している。一日平均でのチケットの売上げは約800万円、大会期間中、交通機関や関連商品を扱う業者は潤い、その経済効果は約350億円とも言われている。出場校は大変な出費を被っているが、それを受け入れるのは学校の宣伝であり、地域の町おこしだからだろう。

寄付金約2億円の使い道は？それにしてもなぜこんなに集まったの？

甲子園で戦うにはカネがかかる。高野連も18人のベンチ入りメンバーと監督、部長分の20人の宿泊費を「一人4000円ずつ」支給してくれるが、今どき、一泊4000円なんてビジネスホテルはない。往復の交通費、これが出場校の懐をかなり苦しめているのだ。

金足農は地元企業、行政、支援者、OBなどから募る寄付金の目標額を5000万円に設定していた。関係者によれば、学校職員が領収書を持って、一軒ずつ歩いて回ったそうだ。そんな地道な努力もあって目標額はどうにか達成できたが、準決勝に進出したあたりから、学校関係者は焦り始めた。

「甲子園で試合をするには、たとえ1回戦で負けても1000万円以上が必要となります」

これは関東圏の私立高校指導者の言葉だ。

その大半は交通費である。応援団の規模によるが、地方の場合、普通は学校職員、父母会、ベンチ入りできなかった野球部員、吹奏楽部、チアリーダーチームなどが貸し切りバスで移動する。金足農の場合は、兵庫県西宮市の甲子園球場から学校のある秋田県秋田市まで、およそ900キロ。そのチャーター代と高速料金がけっこうかかるのだ。大型バス13台を借り、彼らは「0泊3日」の強行スケジュールで甲子園に向かったそうだ。片道で13時間以上もかかった。途中に長めの休憩時間は挟んだものの、宿泊施設を利用しなかったのは、経費節減のためだった。

また、目標額を5000万円に設定していたということは、学校側も〝謙虚に〟考えていたのだろう。3回戦の横浜に勝ち、準々決勝、準決勝と勝ち上がっていく。準々決勝の近江校戦に勝った時点で学校は「0泊3日」の往復は無理だと判断する。2日後に準決勝が行われるため、応援団一行を神戸市近郊のホテルに宿泊させることにした。寄付金はすでに底を突いていたため、寄付金集めを仕切っていた地元有志と野球部の父母会は、インターネット上で全国に「緊急の寄付金」をお願いしたのである。

吉田の好投、横浜戦での鮮やかな逆転3ラン、近江戦で日本中が意表を突かれた2ランスクイズ。そんな魅力的なチームに全国の秋田県出身者が「頑張れ！」のエールを込めて、寄付を決めた。

野球の越境入学が当たり前のように行われているこの時代に地元球児だけで戦ってきた金足農ナインに共感した高校野球ファンは多かった。

秋田市内では将来の甲子園出場を夢見る少年ファンが小遣いを持って金足農にやってきたという。約2億円も寄せられた寄付金だが、おそらく日大三戦で敗れていたら、ここまで集まらなかっただろう。

金足農は応援団の緊急宿泊費を払ってもまだ残額のほうが多い寄付金の使い道を決めかねている。学校長は「関係者の皆さんと十分に話し合って有意義に」と話していた。

彼らと一緒に夢を見たい。

2億円も集まったのは、日本中をそんな思いにさせてくれたからだろう。

3章

金足農業高校の秘密

⑪ 人は秋田市に何をもたらしたのか、秋田県はどんなところか是非知りたい！

現在、秋田県下には、13市6郡9町3村がある。いわゆる「平成の大合併」で、かつての町村が統合されたケースが非常に多く誕生した県でもある。県の人口は約98万人程度（2018年8月現在）である。

秋田県は日本でも有数の「米どころ」であり、また「酒どころ」でもある。農産物に恵まれれば、五穀豊穣の祭りも多くなる。秋田の祭りといえば「竿灯祭り」だ。大きな竿を十文字に組んで、そこに提灯をいくつもぶら下げて、街中を練り歩くという壮大なものだ。江戸時代の宝暦年間から行われている伝統の祭りだ。

そして、祭りといえば酒だ。秋田は酒どころとしても知られているが、もう一つの名物でもあるきりたんぽと比内鶏をつつきながら、秋田美人と美味しい酒を飲むというのが、秋田の大人の一般的な楽しみの光景だという。

地理的にいえば雪国ではあるが比較的土地が平らで雄物川の恩恵もあって、水にも恵まれていたということもあり、農業も広く発展したということだ。そのことで、さらに土地も肥沃になっていった。産業的なことでいえば、歴史的にも秋田杉や鉱物を秋田港から日本海を経て、京都などの関西文化圏へ送っていたということもあり、経済的にも潤っていったとも言えよう。

文化としても、京の影響を受けており、角館が「小京都」などと言われて落ち着いた佇まいの街になっているのも、そんな影響を受けていたからである。

また、秋田県民は比較的マイペースとも言われる。野球人でいえば、典型的なのが、「オレ流」で有名な落合博満ではないだろうか。選手としては１９８２（昭和57）年に28歳で3冠王を獲得すると、その後も85、86年と三冠王に輝いている。日本人最初の1億円プレーヤーとなったが、ＦＡ制度を最初に行使した選手でもある。その際にも、「オレが行使しなかったら、なかなか誰もやれないでしょう」というところからのものであった。

こうしてロッテから、中日、巨人と移籍して、最後は日本ハムでプレーしているが、移籍はいつも自分の思惑からだった。そして、現役引退後は独自の野球理論で解説者として活躍していたが、中日から監督要請されて8年間務めることになる。この時も、選手獲得も含めて、「オレ流」を貫いていった。その間にリーグ優勝4回、2位からの日本一が1回というのだから、見事な実績である。

そんな落合だが、高校時代（秋田工）は、必ずしも超高校級ではなかったのは、その当時からマイペースだったからであろう。その後は東洋大に進んだが、方針が合わないとすぐに中退。一時はプロボウラーを目指したというが、東芝府中でプレーし、その後ドラフトで指名されてロッテに入団して開花した。

秋田県の野球人に阪急の全盛期を支えた芸術的な下手投げと言われた能代出身の山田久志も忘れてはいけないだろう。落合ほどではないにしても「自分流」を貫き通しながら、76年からの3年連続MVPやベストナイン選出5回。オールスターゲームで通算7勝という最多記録を保持しているなど、目立つ場での活躍は、お祭り好きの秋田人の面目躍如だ。中日の監督も務めたが、酒の飲み方もピッチング同様粘り強く、付き合わされるコーチ陣の方が先にKOされていたという。

さらにもう一人、代表的な秋田県の野球人としては石井浩郎がいる。秋田→早稲田大→プリンスホテルとアマチュア野球としては当時の王道を歩んで近鉄入り。主力選手として活躍していたが、ケガで活躍できず球団から大幅ダウンを提示されるとひと悶着起こした挙句に移籍。自分の意思を貫き通して移籍先のロッテでは〝男・石井浩郎〟として人気を博した。男気溢れた〝いぶし銀〟のプレーは玄人ファンから人気を博していた。私生活では昭和の人気デュオあみんの一人・岡村孝子と結婚していたが離婚。名古屋人の彼女にとって、秋田人の石井浩郎のマイペースぶり、自分流を曲げない姿勢に疲れたのだろうか。

閑話休題。そんな秋田人を大フィーバーさせた金足農野球部。市内各地で行われていたパブリックビューイングでの盛り上がりぶりなども、ワイドショーなどで報じられた。それらを見ていると、お祭り好きの秋田県人をさらに盛り上げたことは間違いない。そして、当然のことながら、市内各地どころか、県内各地で何度も何度も「祝勝会」と称した呑み会が催されていたことは、想像に難《かた》くない。

そして、こうして街が盛り上がれば、当然のことながら経済も活性化していく。

さらには、今回の金足農人気で、「秋田県ってどんなところ?」と、新たに興味を持った人も少なくないはずだ。

東北・秋田新幹線で東京駅から「はやぶさ」と「こまち」に盛岡駅で乗り継いでいって約4時間の秋田。金足農の今回の進撃で、金足詣でをしている観光客も多くなったようだ。今、新たな東北の注目スポットとなっていきそうな勢いだ。

金足農式資金集めは、「クラウドファンディング」のお手本! ともいわれ、好感を持って受け入れられた大きな〝徳〟について

2017年秋に公開され、観客動員数190万人、興行収入額約25億円という大ヒットとなり、日本アカデミー賞最優秀アニメーション作品賞も受賞した『この世界の片隅に』。公開当初は派手な宣伝もなく、上映館も少なかったが、その作品の素晴らしさが、徐々に口コミで伝わり、最終的には、大きな社会的ムーブメントを引き起こす作品となった。

太平洋戦争中の広島県呉市を舞台に、若き花嫁の日常生活を描きながら、戦争の恐怖、不条理さを静かに描き切った『この世界の片隅に』だが、その企画段階では、「この内容では、映

画はヒットしない」と、業界のプロたちに断定されてしまい、資金調達は、完全に難航してしまった。そこで、製作者サイドが、採った資金集めの方法が「クラウドファンディング」。原作漫画のファンや、監督の過去作品の愛好者をターゲットに、少額の寄付を広く集め、約３９００万円の制作資金を調達することに成功したのだ。そして、クラウドファンディングへ出資したすべての人々の名前が流れるエンドロールは、映画のクライマックスに、一種独特の余韻を与えることにもなった。

もちろん、『この世界の片隅に』のような大成功例は、基本的にはレアケースでもあるのだが、クリエイターや起業家が、作品、製品、新たなサービスなどを作り出すための資金調達法「クラウドファンディング」が、各界で注目を集めていることは間違いない。

クラウドファンディングには、３つの種類が存在する。

ひとつは、出資者がリターンを求めない〝寄付型〟。ふたつ目が、出資者に金銭的なリターンが伴う〝金融型〟、そして最後が、金銭以外の物品や権利を購入する〝購入型〟。前述の『この世界の片隅に』が設立したクラウドファンディングの出資者は、最初の心持ちとしては、とにかく作品が見たい〝寄付型〟のつもりだったが、エンドロールに名前が載ったのだから、結果的には〝購入型〟となったのかもしれない。

第１００回甲子園大会で決勝進出を果たした金足農野球部だが、快進撃の代償というべきなのか、長期に渡る関西滞在となってしまったことで、当初用意していた、ＯＢや関係者からの寄付金が底をつき、控え選手や吹奏楽部部員の宿泊費用が、まかない切れるか、微妙な情勢となってしまった。

そこで、同窓会、父母会、野球部ＯＢ会、後援会などが一堂に会した「金農甲子園出場支援協議会」は、ＯＢ会のホームページで、１口２０００円からの、追加協賛金（寄付金）を募集したのだ。

この募集に対して、ＯＢや学校関係者を超えたところからも反応があった。エース吉田輝星を筆頭とする金足農ナインの活躍に感動した人々が、秋田県中から、さらには日本全国から、協賛金を送ってきたのだ。

一口２０００円という少額の寄付金を募る方法は、まさしく、広く薄く資金を集めていく、クラウドファンディングの方法論そのものだった。大きな見返りを約束した上で、高額の資金提供を有力スポンサーから受け取るというのではなく、それを応援したいという気持ちが強い人々から、少しずつ寄付を募るやり方は、まさに現代的であり、公立高校である金足農には、ピッタリとハマるものでもあった。

他県から有望な選手をスカウトしてくるのではなく、地元の選手たちを集め、彼らを鍛え抜いて強くする。

そういう金足農野球に共感する人は間違いなく多かったし、一口２０００円くらいの寄付なら是非したいと思っていた人は、この日本中に、相当数存在していたと思う。彼らにとっても、負担にならない範囲で、金足農のために何かをできることは、大きな喜びを感じる行為だったはずだ。

クラウドファンディングを成功させるために必要な、集める側と出す側との、ウイン・ウインな関係が、追加協賛金募集には、完璧なくらいに成立していた。経済界から「理想的なクラウドファンディング」という声が上がったのも、当然といえば当然のことなのだ。

アルプススタンドに詰めかける応援団が、秋田から甲子園まで移動するバス代だけでも1500万円かかるともいわれる、遠隔地の代表校にとっては経済的負担の大きな甲子園大会。もちろん、あまりにもお金がかかりすぎる傾向は、変えていく必要があるが、今回の金足農が行なった「クラウドファンディング」的手法は、今後の甲子園出場校の資金集めにおける、モデルケースとなるかもしれない。

秋田に帰郷した金足農ナインも参加した報告会で発表された、協賛金の総額は、なんと1億9000万円。応援経費の支払いを済ませた残りの余剰金は、一度「金農甲子園出場支援協議会に回し、そこから野球部や学校の整備費に使われる予定となっているそうだが、〝購入型クラウドファンディング〟と考えて、出資者たちに、金農パンケーキを送るというのも、良いアイディアだと思う。

あの金足農校歌を作ったのは学校唱歌の名曲を数多く生んだ大作曲家だった！

可美《うま》しき郷《さと》　我が金足
霜しろく　土こそ凍《こお》れ
見よ草の芽に　日のめぐみ
農はこれ　たぐひなき愛
日輪《にちりん》の　たぐひなき愛
おおげにや　この愛
いざやいざや　共に承《う》けて
やがて来む　文化の黎明《あさけ》
この道に　われら拓《ひら》かむ
われら　われら　われら拓かむ

第１００回甲子園大会において、試合後に計５回グラウンドに流れた、金足農の校歌。その歌詞には、いかにも農業高校らしい、大地、太陽といった自然の恵みに対する感謝の念が捧げ

創立90年、秋田市金足追分にある金足農業高校。

られている。そして、壮大でありながらも、人間の日々の生活に密着している言葉の数々は、聞くものの心にしみ込むような、静かなるパワーを秘めているのだ。

作詞をしたのは近藤忠義。１９０１年神戸生まれ、東京帝国大学（現東京大学）に学んだエリートで、卒業後は、旧制中学校、日本体育専門学校（現日本体育大学）の講師を経て、33歳になる年に法政大学の教授に就任している。太平洋戦争中には、治安維持法で逮捕される苦難を味わったが、終戦直後に釈放され、法政大学に復職した。ちなみに、高名な文芸評論家である小田切秀雄は、近藤の教え子となる。１９２８年の金足農が開校されたときから、90年にわたって現在の校歌は歌い継がれているそうなので、近藤が作詞をしたのは、講師を務めていた20歳代半ば、かなり若い時代の作品なのだ。

荘厳でありながら、親しみやすさも持つメロディは、岡野貞一の作曲。鳥取県に生まれ、14歳でキリスト教の洗礼を受けた岡野は、東京音楽学校（現東京藝術大学）を卒業後、同校の助教授、教授の職に就く。作曲家としても活躍を示し、「故郷《ふるさと》」、「春が来た」、「春の小川」、「朧《おぼろ》月夜」、「桃太郎」といった、誰でもが口ずさめる尋常小学校唱歌を多数作った。日本本土はもとより、樺太、台湾、朝鮮、満州にある学校の校歌も、かなりの数を手がけていて、金足農と同じ秋田県内にある、県立秋田北高校、県立能代高校も、岡野作曲の校歌を歌い継いでいる。

１９２８年、金足農開校の年、岡野は50歳。90年後の甲子園を沸かせた校歌は、20歳以上年齢の開きがある、キリスト教徒の音楽家とプロレタリア文学者の異質のコンビが作り出したものであったわけだ。

甲子園で金足農が勝ち進むにつれて、大きな話題となったのが、背筋を大きく反らせながら、全力で校歌を歌い上げる金足農ナインの姿。ツイッターでは、「トリノ五輪女子フィギアスケートで金メダルを獲得した、荒川静香の代名詞〝イナバウアー〟をしているときの姿勢に似ている」とか、「小田和正の大ヒット曲〝ラブストーリーは突然に〟のレコードジャケットにそっくり」といったユニークな指摘が相次いだ。

金足農ナインが、全力で校歌を歌い上げるのは、ウケ狙いでも、目立ちたいからでも、ましてやヤケッパチになっているわけでは、まったくない。この風習が定着したのは、吉田たちの一学年上の先輩たちの代から。当時のキャプテンと三年生たちが立てた方針が、「何事にも全力で取り組むこと」。攻守交替時や、打席から一塁へと走り込む際の全力疾走といったことはもちろん、勝利して校歌を斉唱する際も、メンバー全員で全力で歌い上げようということになったのだ。この全力校歌斉唱が始まったのは、昨夏の秋田大会からと、まだまだ歴史は浅いが、今年の佐々木大夢キャプテンにも、この「何事にも全力で取り組む」というモットーは、しっかりと継承されたのだ。

甲子園大会では、グラウンドやスタンドにいる野球部員たちだけでなく、応援席にいる、すべての生徒たちが、声をそろえて、全力で校歌を斉唱していた。おそらく、今後の長い歳月のなかで、全力校歌斉唱は、金足農の伝統となっていくことだろう。

感動的だったのは、サヨナラ逆転ツーランスクイズという、悪夢のようなビッグプレーを食らって、準々決勝で金足農に敗退した、近江ナインの姿勢だ。あまりにショックが大きい敗北に、茫然自失の状態となっても、誰にも責められないところだが、バックネット前に整列している金足農ナインを、しっかりと見つめ、祝福の拍手を送る選手すら存在したのだ。まさにグッドルーザー（よき敗者）となった近江高校は、第１００回甲子園大会の印象を、より深いものにさせた、隠れた功労者だったという気がする。

大阪桐蔭に敗れ、秋田に帰郷したナインは、決勝戦では歌えなかった校歌を、帰郷後に母校で行った報告会で歌い上げている。全校生徒、教員、保護者に加え、大勢の地域住民が駆けつけ、熱気に包まれた、この報告会で、金足農ナインは、喜びを体いっぱいに表しながら、実に気持ちよさそうに、全力校歌斉唱を披露したのだった。

夏の甲子園大会といえば、アルプススタンドの華やかな応援合戦も有名だ。吹奏楽部、応援団、プラカード、そして、チアガールチーム。大会主催者の朝日新聞系列の週刊朝日が発刊する出場校名鑑の表紙も、チアガールのアップショットである。チアガールの応援が認知されているにもかかわらず、金足農の応援席にはチアガールの姿がない。同校は男女共学校だ。試合後の校歌斉唱で両サイドの仲間の腰に手をやり、エビ反りになって声をあげる姿は、ひと昔前のバンカラ応援団も彷彿させる。ひょっとして昔ながらの硬派な校風があるからなのだろうか。

「チアガールチーム不在」の理由を何人かの学校関係者に聞いてみたが、異口同音に「さあ」と答え、首を傾げるだけ。雑草軍団の生みの親である嶋崎久美元監督も「吹奏楽部はいるんですが……」と言うだけで、真相はわからず終いだ。

金足農野球部の礎を築いたレジェンド嶋崎久美元監督はどんな人？

金足農は、1928（昭和3）年に金足尋常高等小学校を仮校舎として、県立金足農学校としてスタートしている。そして、戦後になって48年の学制改革時に現在の秋田県立金足農業高校となった。

野球部は1932（昭和7）年に創部。当時の秋田県は第1回大会で準優勝を果たしている秋田中（現秋田高）と、そのライバル的な存在でもある秋田商が2強として存在していた。さらには秋田師範（現秋田大教養部）なども甲子園出場を果たしていたが、金足農はなかなか突破することは出来なかった。

戦後になっても秋田と秋田商の2強の構図は変わらなかったが、金足農は1959（昭和34）年、60年、さらには71年、72年と当時の西奥羽大会に進出しているが、山形勢や秋田、秋田商に阻まれて甲子園出場は果たすことが出来なかった。また、69年と71年には秋季東北地区大会にも進出を果たしている。しかし、当時は東北・北海道で3校というセンバツの出場枠の少なさもあって、70年春は東北に、72年春も専大北上と東北に出場を持っていかれている。金足農にとって、甲子園出場を果たすのは、かなり厳しい状況に感じられたというのは正直なところであろう。

60年代には、東北勢の中で最もセンバツに選ばれていたのは秋田県勢だった。ところが、65年の秋田以降、ぱたりと出場が途絶えてしまっていた。秋田県の金足農にとっては、甲子園は東北勢の中でも遠いものに感じられていた。

そんな折に嶋崎久美監督が就任した。金足農の出身で現役時代には捕手として活躍。その後、社会人野球の秋田相互銀行（後の北都銀行）でもプレーを続けて、72年に要請を受けて母校の監督に就任した。就任当初から、「精神野球」を前面に打ち出して、「日本一、練習量の多い野球部を目指す」という意識で、精神面の強化も含めて、徹底的に鍛え上げていくという練習スタイルだった。

さしずめ、冬合宿の練習の厳しさは、全国的にも紹介されて、今の時代であれば、間違いなく「しごき」や「体罰」などと言われるくらいの厳しさだった。しかし、当事の金足農の選手たちはその練習に耐えた。耐えた成果として、１９８４（昭和59）年に悲願の春夏連続出場を果たすことになるのだった。

金足農は81年と83年にも決勝に進出していたが、81年は秋田経大附に、83年は秋田に阻まれていた。秋田経大附には、その後に社会人野球を経て横浜で活躍する松本豊という好投手がいた。やはり、「しっかりとしたエースを作っておかないといけない」というのも嶋崎監督の実感だった。その一方で、「雑草のように強く逞しく」というチームモットーも掲げられた。

今日もなお、金足農のモットーとなっている「雑草軍団」という意識は、この嶋崎監督が就任した時代からのものである。

そして、嶋崎監督が就任して12年目となった83年には、秋季東北大会を準優勝して翌年春にはセンバツ初出場の朗報が届いた。初めての甲子園、最初の相手は同じ寒冷地と言われている新潟県で初出場を果たした新津だったということも、相手に臆することなく戦える要素となった。エース水沢博文が好投して、初出場初勝利を果たした。２回戦の相手は東京代表の岩倉だったが、相手も初出場だ。試合は４対６で敗れたものの、５回まではまったく互角の戦いで対等に戦えたことは確実に自信となった。さらには、自分たちに競り勝った岩倉が大会を制して初出場初優勝を果たしたことで、「自分たちも全国で戦う力は十分にあった」ということが確認できて、さらなる自信となり、夏へつながった。

エース水沢と長谷川寿（青山学院大→本田技研＝現Ｈｏｎｄａ。その後、Ｈｏｎｄａ監督）のバッテリーが安定していた金足農は、春の自信もあって秋田大会を勝ち上がり、悲願の夏の甲子園初出場を果たした。

そしてこの夏、金足農は初戦で広島商を下してからは快進撃。ベスト４に進出して、当時全盛を極めていたKKコンビと呼ばれていた桑田真澄、清原和博らを擁しているPL学園と戦い、8回までリードしてあわや空前の大金星かという戦いで甲子園を沸かせることになる（詳細は138ページ）。

PL学園には惜敗したものの、秋田の金足農の名前は全国に轟いた。秋田県勢としては第1回大会以来の決勝進出は逃したが、県内でも確実に4強の一角を占める位置づけとなった。

こうして金足農は昭和から平成の時代になっても、県内1の練習量を自信の裏付けとして、90年春にも出場を果たしている。なお、この大会では秋田経法大附も選出されており、史上初めて秋田県からセンバツで2校代表が選ばれた年でもあった。この春は初戦で柳ヶ浦に敗退したものの、95年夏にも出場を果たしている。

95年の夏は長身投手の184cmで打っても4番の千葉純と鎌田雄大捕手というバッテリーを中心とした金足農らしい守りの手堅いチームだったが、初戦では倉吉東に11対4と大勝。2回戦ではこの当時から著しく躍進し始めた佐久長聖を4対2で退け、3回戦は静岡県の進学校で旋風を巻き起こしていた韮山《にらやま》を8対6で退けてベスト8に進出。準々決勝では星稜に敗退したが、またしても金足農は強い印象を残して甲子園を去った。

「人生は一度きり、チャンスも一度だけだ。負けたらあとはない。チャンスをつかめ」

大会前に嶋崎監督が選手たちに話した言葉でもある。こうした意識に根付いた金足農の伝統は、今もなお引き継がれている。この言葉の背景には92、93年と準優勝、94年も準決勝敗退と、あと一つのところで悔しい思いを味わってきたというところにもあった。その執念で、11年ぶりの夏の甲子園をつかみ取ったのだった。

嶋崎監督は、異動となる99年春まで監督を務めた。そして、07年に再就任して甲子園出場を果たしている。嶋崎監督の甲子園での通算成績は春夏合わせて7度、甲子園へ導いて春1勝、夏7勝で8勝7敗という実績を残している。

引退して、この夏はアルプススタンドでの応援に徹していた嶋崎元監督は、

「ピッチャーは良くても、まさかここまで勝ち進むとは思いませんでした。以前、甲子園でベスト4、ベスト8まで行ったときは、ある程度、野手もそろっていましたから……。けれども、今回は打線が弱かった。打てるのは1番と3、4番くらい。得点源がなかった。初戦で強豪の鹿児島実から3点を先制したことが大きなきっかけになったと思います」

冷静に分析しながらも、選手たちの大健闘を称えていた。

秋田県の高校野球史に残る伝説の試合で見せた知将嶋崎采配

秋田県の高校野球のベストゲームとして挙げられることもある1998年の決勝戦。秋田商を相手に金足農が10点差をひっくり返して3度目の夏の甲子園出場を決めた一戦は、どんな状

況でも諦めない雑草軍団の象徴的な試合として語り継がれている。34年間、金足農を率いた嶋崎久美氏にとっても、もっとも記憶に残る試合だという。

「秋田商とは前年の決勝でも戦っていたんです。相手のエースは今ヤクルトで活躍する石川雅規。2対17という大敗に大きなショックを受けました。それだけに雪辱したいという思いはやっぱり強かったですね。ただ、1点ずつ積み上げていくという、うちの野球は変わらない。自分たちの野球をやろうということで臨みました」

先に主導権を握ったのは金足農。2回表に2点を取ると、3回にも二死から2つのデッドボールと4本のヒットをつなげて4得点。6点のリードを奪う。だが、いい展開だとは思っても、まだ序盤。指揮官に油断が生まれるようなことはなかったが、3回裏に1点を返されると4回には3失点。流れが相手に傾いているのを感じていた。

「この年は軸となるピッチャーがいなくて、4回はフォアボールを多く与えてしまっての失点。そして、5回。決勝は独特の雰囲気があるのですが、まさかでしたね」

追い上げムードが高まる秋田商は5回裏、一死からの8連打を含む9安打、3つのフォアボールなどで一挙12点。16人のバッターを送る猛攻で16対6とした。

「タイムをかけても、ピッチャーを代えてもどうにも流れを止められない。前年の悪夢が頭に浮かびました。だけど、監督は勝負を諦めてはいけない。選手はそれを敏感に感じ取りますから。どんなに点を取られても選手に発破をかけ続けました」

7回表、1点を返してなお一死三塁。続くバッターはファーストへのファールフライを打ち上げてしまうが、サードランナーが好判断でホームを陥れてこの回、2点目。準優勝した甲子園の近江戦の2ランスクイズ同様、隙のない走塁で1点を追加。嶋崎氏が1点の重みを大事にして築いてきた金足農の野球が勝機を広げていった。

さらに8回表は無死満塁のチャンスで中川が放った打球は外野フェンスを直撃。外野手が打球処理に時間がかかっているると見るや、3人のランナーに続いて中川もホームを狙って生還。

嶋崎氏は、フェンスオーバーではなくランニングホームランだったことが大きかったと回想する。

「スタンドインのホームランだったら、おそらく大逆転勝利まではいかなかったんじゃないですかね。スタンドのお客さんも『走れ！　走れ！』と盛り上がって、さらに勢いがついたと感じました」

4点を追う9回表の攻撃。指揮官は円陣を組んで強い視線をぶつけてくるナインに切り札の言葉を投げかけた。

「お前たち、田沢湖で何をやってきた」

作戦的な指示は一切なく、心身を鍛え抜いた冬の田沢湖合宿を思い出させた。

先頭バッターがヒットで出塁するも、その後の二人は倒れて二死三塁。瀬戸際に追い込まれても諦める者はいなかった。4番の佐藤がタイムリーヒットでつなぐ。続くバッターはサードへのゴロ。万事休すかと思われたが――。

「サードがエラーした。これをアウトにすれば甲子園という焦りがあったんじゃないかな。そこから2点差に迫り、場面は二死満塁。8番のピッチャーの打順で、あらかじめ、そこで行くことを告げていた二年生の小松に合図をしようとした。ところが小松が泣いている。あとで聞いたら『もし自分が打てなかったら先輩に申し訳ない。そう思ったら涙が止まらなかった』と。そんな状態では出せないと思い、6月の北海道遠征で代打でサヨナラヒットを打っていた三年生の金田を指名した」

果たして、金田はしぶとくボールに食らいついて同点となる2点タイムリーヒットを放つ。同点になって気持ちが鎮まった小松が代打でフォアボールを選ぶと、最後は1番の柴田がしっかり見極めて押し出しで決勝点をもぎ取って大逆転劇を完成させた。

嶋崎氏には、もう1つ忘れられないシーンがあるという。

「9回の裏、秋田商ナインがいる一塁ベンチ前にファールフライが打ちあがった。それをキャッチャーの吉田がスライディングしながら捕りにいくも捕球できなかったのですが、そこで『俺たちも頑張って点を取ったんだから、お前らも頑張れ』と声をかけているんです。100回大会の近江戦でもサヨナラ負けして起き上がれない二年生キャッチャーにうちのキャプテンの佐々木が起こしてあげながら『お前は二年生なんだから、頑張って来年もここへ来いよ』と励ましたのですが、相手を敬う伝統が引き継がれていると知って、自分のやってきたことは間違っていなかったのかなと嬉しくなりました。勝って喜ぶだけじゃない。負けて悔しがるだけじゃない。そういう金農野球をこれからも続けていってほしいです」

⚾ 東北勢が大旗を握る日は、間違いなくそこまで近づいている、というこれだけの根拠

高校野球でよく言われている言葉がある。

「大優勝旗は、いつ白河の関を越えるのだろうか」

これは、春夏の甲子園大会を通じて、まだ、東北地区の学校が全国制覇を果たしていないことを、図らずも東北の玄関口となっている白河の関に例えて、言った言葉だ。

現実には２００４（平成16）年に駒大苫小牧が全国制覇を果たしたことで、白河の関どころか空路で一気に津軽海峡まで越えてしまっている。しかし、東北勢の全国制覇はまだない。つまり、陸路で白河の関は越えられていないのである。

それでは、過去、東北勢が全国制覇に近づいたのは何度あっただろうか。

春夏のそれぞれの決勝進出校を年代とともに見てみよう。

１９１５（大正４）年夏　第１回大会　秋田中

1969（昭和44）年夏　第51回大会　三沢（青森）
1971（昭和46）年夏　第53回大会　磐城（福島）
1989（平成元）年夏　第71回大会　仙台育英（宮城）
2001（平成13）年春　第73回大会　仙台育英（宮城）
2003（平成15）年夏　第85回大会　東北（宮城）
2009（平成21）年春　第81回大会　花巻東（岩手）
2011（平成23）年夏　第93回大会　光星学院（青森）
2012（平成24）年春　第84回大会　光星学院（青森）
2012（平成24）年夏　第94回大会　光星学院（青森）
2015（平成27）年夏　第97回大会　仙台育英（宮城）
2018（平成30）年夏　第100回大会　金足農（秋田）

こうして、今年の金足農を含めて大優勝旗が白河の関を越えそうになったのは過去12回あった。その中では、光星学院（現八戸学院大光星）の3大会連続の決勝進出も光るのだが、12年は、大阪桐蔭が藤浪晋太郎投手を擁して春夏連覇を果たした年でもある。正直、力の差は否めなかった。また、延長18回で引き分け再試合となった三沢も、それでは松山商を倒せる可能性はあったのかというと、松山商の鉄壁の守備と、翌日再試合での打撃力の差を見ると難しかっ

凱旋

「たくさんの人に応援してもらって。
優勝できなかったですけど、
自分たちを支えてくれた方たちに
『ありがとう』と言いたいです」
吉田輝星投手。
晴れ晴れとした表情で、
故郷秋田に凱旋帰郷した
吉田ら金足農ナイン。
準優勝を祝うファンで、
空港、学校は膨れ上がった。

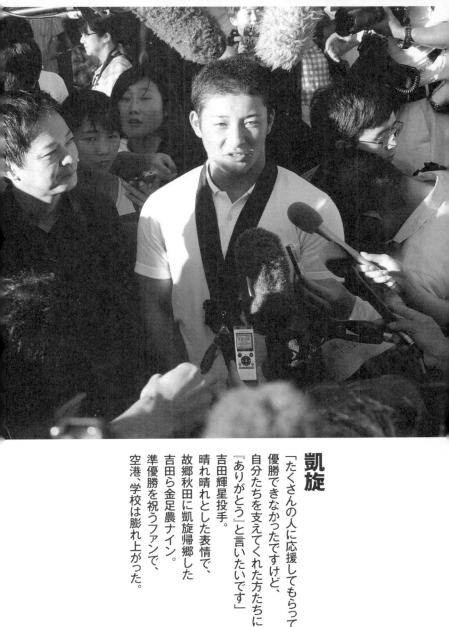

たかなと思われる。また、決勝のスコアは1対0だったが、71年の磐城も桐蔭学園に勝てるかというと、難しいかなという印象だ。

そうしてみると、最も越えられそうだったのは、二年生だったダルビッシュ有投手（その後、日本ハム。現ＭＬＢ）が常総学院と戦った２００３年夏、大越基投手がエースで踏ん張って延長までもつれた末に、帝京に敗れた１９８９年夏ではなかったかなという気がする。しかし、いずれも最後は、相手投手を打ち崩せなかったという形で敗れている。

東北勢が優勝できない理由として、以前は、「雪国のハンデ」という言葉が用いられていた。それは、11月になると、学校のグラウンドでの練習も厳しい環境となり、12月になって雪が降り積もり出すと、3月から4月半ば頃までは雪でグラウンドが使用できないという現実があった。そんな気候的なハンデの中で、何をどう工夫していくのかということも、東北勢としては避けられないものだった。

また、選手たちはもちろん、学校関係者たちの中にも「自分たちは、関西や四国のチームに比べて練習量ではかなわない」という意識があった。和歌山工から國學院大を経て東北の監督に就任し、その後は同県内のライバル校である仙台育英へ異動して話題にもなって、東北野球に革命を起こしたとも言われている竹田利明元國學院大監督は、

「当初、仙台へ赴任した時に、選手たちの意識が最初から負け犬になっていることに愕然とした。まずは、その意識改革から手を付けた」

と、回想していたこともあった。

磐城の準優勝から、18年の歳月を経て仙台育英が準優勝を果たすのだが、そのチームを率いていたのが竹田監督だった。この年は、チームとしての手ごたえもあったようで、最初から頂上を取りにいくのだというような発言もあったくらいだった。ただ、そこに至るまでは、長い時間をかけて作り上げた意識改革もあったはずだ。

また、もう一つの要因としては室内練習場の充実や交通網の発達といった、高校野球を取り巻く環境の変化も見逃せない。ことに、室内練習場に関しては、近年ではむしろ、東北や北海道、北信越の学校の方が充実していることもあるくらいだ。冬でも徹底して打ち込みが出来る環境になっているところもある。

こうなったらむしろ、比較的温暖で雪が少ないということもあり、それ程室内練習場にこだわっていない東海地区や近畿、四国、九州などの学校よりも恵まれているとも言えなくもない。ことに、センバツに関して言えば、12月から、1月、2月という時期に、ウェイトトレーニングや走るだけではなく、打ち込みをすることによって、パワーアップやウェイト強化も兼ねていくというスタイルとなっている。

それに、交通網の発達によって、遠征スケジュールが便利になったということもあり、春先には関東や関西地区への遠征を組んでいる強豪も少なくない。学校によっては、練習試合の解禁と同時に、温暖な沖縄へ飛んで沖縄県の学校や、関東や関西などからも沖縄入りしている学校などともどんどん欲に練習試合を組んでいくという形で強化しているところも多い。

こうした形で、東北の野球も取り組み姿勢も変わってきたことも確かだ。高校野球は、時代の流れとともに変わり、勢力構図も、社会のインフラの発達などとも関わりあいながらも、変化してきているのである。東北勢が大旗を握る日は、間違いなく、もうそこまで近づいている。

34年前、ＰＬ学園桑田投手を震え上がらせた金足農ベスト４の死闘編を再現してみた

今年の金足農は、初出場でベスト４に進出した１９８４（昭和59）年の第66回選手権大会を上回った準優勝となった。記念大会の今年は、連日〝レジェンド始球式〟と称して、かつて甲子園で活躍した選手たちが始球式を行っていた。図らずも、金足農の準決勝の試合前の始球式には、その34年前に準決勝で金足農の旋風を阻止した張本人であり、甲子園のヒーローとしてＰＬ学園を３年間で優勝２回、準優勝２回、ベスト４に１度導いたエースの桑田真澄（その後、巨人）投手だった。

その桑田投手のＰＬ学園とまみえた、34年前の金足農の夏は、どのような戦いだったのか、振り返ってみた。

春夏連続出場を果たした84年の金足農。春は、初戦で新津を1安打完封して甲子園初勝利。2回戦で、この大会で優勝する岩倉に敗れるものの中盤までは互角の戦いの末に4対6。この自信を背景に夏も初出場を果たした。

初戦は大会3日目の第1試合。相手は名門広島商だ。当然、不利の予想だったものの、初回に先頭の工藤浩孝が二塁打すると、バントが内野安打になる幸運もあり犠飛と適時打で2点を先取。2回は一死満塁からスクイズで加点。1点差に追い上げられていた5回にも4番の主砲長谷川寿がスクイズを決めている。「相手の得意なことを、こっちが仕掛けると、案外もろいものです」などと、嶋崎久美監督はコメントしている。それだけ、「してやったり」という好感触があったのであろう。結局、9回にも工藤の2ランが出て6対3で快勝している。

2回戦は別府商と初出場対決。1回戦同様序盤にリードした金足農は、中盤追い上げられながらも8回まで毎回の14安打。試合は5対3で勝利した。もっとも、「ヒットの割には5点だけでは拙攻と言われてもしかたがない」という攻撃だった。8回までは毎回残塁で、終わってみたら全員残塁という珍記録。水沢博文投手は9回にソロ本塁打を浴びたものの危なげはなかった。

唐津商との3回戦は、これまでの展開とは逆に2回までに3点をリードされた。しかし3回に2点を返し、6回に追いついた。ところがその裏にすぐ突き放され、1点を追ったまま9回となる苦しい展開。先頭の佐藤俊樹が中前打で出ると、バントと1番工藤の安打と盗塁で二三塁。続く大山等の一打が相手失策を招いて二者が帰り逆転となる。さらに、長谷川がとどめの二塁打を放って結果的には6対4。勝負強さと、金足農のこの大会での勢いを示した戦いぶりだった。

金足農と同じように、この大会では勢いに乗っている新潟南との日本海側の雪国同士で寒冷地対決となった準々決勝。新潟南は、「春の新津の敵討ち」とばかり、気合も入っていた。190cmという大型の林真道投手も注目される存在だった。その林に対して1番工藤が3安打するなど毎回の15安打で6点を奪い、投げては水沢投手が3安打に抑え、13三振を奪っていた。最後は中堅手で左腕の斎藤一広をマウンドに送る余裕も見せた。スコア的には快勝で、一番楽な戦いだったが、嶋崎監督は反省点を挙げていた。

「スクイズを3度も失敗してはいけない。一方的な試合となり、選手たちの得点に対する執念が薄れていた証拠。許されないことだ」

こうして、準決勝を前にもう一度気持ちを引き締める厳しさを示した。

そして迎えた準決勝。相手は前年優勝校で春も準優勝、今大会も優勝候補筆頭で全盛期を誇るＰＬ学園だ。

金足農	100	000	100	＝2
ＰＬ学園	000	001	02X	＝3

金足農は打者一巡、全員がすべてバントで揺さぶっていこうと仕掛けていった。桑田投手を

疲れさせる作戦だったが、桑田は動じなかった。それでも、試合は「あわや……」という展開になった。8回一死まで金足農がＰＬ学園をリード。大金星まであと5人という状況まで追い詰めていた。

金足農は初回、桑田のグラブをはじいた内野安打の走者を丁寧に送り、四番長谷川の気迫で叩きつけた左前打で先制。ＰＬ学園は5回まで1安打しか放てていなかったが6回、代打清水哲の左前打から好機を作り、6番北口正光の右線二塁打で同点とする。しかし、金足農は7回に四球の走者を二塁に進めて二死二塁、7番原田好二の一打は桑田のグラブをかすめて中前へ抜けるタイムリー打となった。

桑田がグラブを出さなければ、普通の内野ゴロになっていたかもしれない打球ではあったが、金足農の気迫が呼んだタイムリーと言っていいであろう。

こうして再度リードを奪った金足農だったが、8回一死、一塁に四球の清原を置いた場面で5番桑田が初球を叩いて逆転2ランを左翼スタンドに叩き込んだ。

水沢投手は試合後のコメントではこう述べている。

「決勝に出られなくても残念ではありません。力いっぱいやったのですから、満足しています」

水沢も今年のエース吉田輝星と同様に、金足農のＯＢでもある父親に育てられた。水沢の父親もエースとして金足農のマウンドを担い、59年と60年は西奥羽大会決勝（当時は山形県と秋田県で争っていた）で敗れている。以来、金足農そのものが、甲子園を賭けた決勝ではなかなか勝てなかったのだが、そのジンクスを突破しての進撃だった。

当時は金属バット導入から10年を経た時代で、前年には金属バットの特徴を生かし切った池田が猛打で全国優勝を果たしていた。その影響もあって、とにかく打っていくという攻撃野球が全盛になりつつあった。そんな折に、当時も金足農はクラシックなスタイルの野球を踏襲していた。

「高校野球にホームランは必要ないし、むしろ困りものだと思っているのです」

金足農の嶋崎監督は、そんな独自の理論を報道陣に語っていたこともあった。そして、その言葉通りにきっちりと送る手堅い野球を展開していっていた。そうやってつかんだベスト4。エース水沢も5試合43イニング2／3を一人で投げ、わずかに3回戦の最後の一死のみをほかの投手に譲っただけだった。その戦い方は、34年後のチームに重なるところが非常に多い。

野球部専門の下宿「のろげ」のおばさん 野呂田愛子さんと選手たちの心温まる「ちょっといい話」

ベスト4入りした84年夏の甲子園の興奮が冷めやらぬ中、金足農はさらなる高みを求めて動き出していた。快進撃の立役者となった三年生エースの水沢博文さんの父が野球部専用の下宿の必要性を感じて仲の良かった野呂田勇さんに打診。「野呂田下宿」通称「のろげ」が作られたことで生徒は、より野球に打ち込める環境が整った。

勇さんとともに85年の3月から子供たちを見守り続けてきた妻の愛子さんは「私はなんもやっていないのよ」と朗らかに話すが、長らく指揮を執った嶋崎久美元監督の「野呂田下宿ができたことは大きかった。秋田県内でも家が遠くて通うのが大変な子が金足農に来やすくなった。そして彼らの親代わりとして、ときには厳しく注意もして当たり前のことを当たり前にできる子に育ててくれた」との言葉を借りるまでもなく、その後の同校の活躍に大きく関わってきた。

野球が大好きだった勇さんとは違い、愛子さんは野球に興味がなかった。だが、勇さんに連れられて84年の夏の秋田県大会決勝戦の金足農対能代の一戦を観戦すると一気に虜になったと楽しそうに振り返る。

「ルールもわからなかったけど、スタンドのあの声援はいいものだな。選手の父兄と間違われるほど一人で騒いでいた。こんな場所があるんだなって。しかも、金足農は9回に3点取って逆転で甲子園を決めた。まだ下宿をやることとは頭にないときだったけど、ただただ野球ってすごいなと思った。でも、家の隣に所持していた建物を増築して下宿業を始めてからは不安を感じる毎日だった。これでいいんだべか。いいわけない。ほかの高校の下宿はどうなんだろう。それは常に考えていたね。だから、今になって思えば生徒やその親御さんによく続けさせてもらえたなと思う」

並べる謙遜の言葉に人柄がにじむが、私生活の場が無くなるほどの人数の下宿生の生活をサポートするのは容易なことではない。特に嶋崎元監督の時代は練習時間も長く、生徒が帰ってくるのはだいたい夜の9時。食事の世話をし、生徒たちが腹を満たしたら片づけに入り、それが終わるのが11時頃。そこから休む間もなく泥だらけになったユニフォームと格闘する。洗濯機を回すだけでは十分ではないので、その前に1着、1着、タワシで丁寧に汚れを落とす。

4台の洗濯機のフル稼働が終わり、すべてを干し終わる頃には時計の針はすでに3時を指していた。白いエプロンを着けて行っていたこともあり幽霊に間違えられた笑い話も残る。

洗濯を終えて就寝かと思いきや、まだ終わらない。そのまま朝食と、学校に持参する昼のお弁当の準備に取りかかるのだ。布団に入れるのは生徒を送り出してからだった。

「そこから9時とか10時まで寝ていたし、日中は自由だから、近所の人とお喋りしたり、誰も来なければまた眠ったっていい。全然、大変じゃないのよ。洗濯も嶋崎さんとしては生徒たちに自分でやらせるようにということだったんだけど、私がちょっかいを出したの。家から通っていれば親がやってくれることを、下宿だからって自分たちでやらなくてはいけないというのはかわいそうな気がして。でも、始めてみたら無責任でいい気楽な時間だなって。ご飯を食べさせるとか、仲間の輪に入れない子はいないかなとか生徒の様子を気にかける必要のない一人の空間。ユニフォームの泥を見て、この子は頑張っているんだなとか、どんな練習をしたのかなとか、血がついていれば大丈夫かなとか思いを巡らせながらタワシをかける時間が好きだったの」

無責任と言いながらも考えているのは生徒たちのこと。合宿や遠征、甲子園出場など、生徒たちが下宿をあけると肉体的には楽なはずなのだが、気が抜けるのか、かえって体調を崩したという。

生徒たちのことを強く思いながら下宿する生徒がいなくなる17年の3月まで32年間、「下宿のおばさん」を務め上げた愛子さんだが、途中やめようと考えたことが1度だけあった。11年に勇さんに先立たれたときだ。

「私の家は娘二人だから、男の子はどこか怖いところもあるのかなと勝手に思っていた。そういうことはなかったんだけど、お父さん（勇さん）がいるからよく見えるのかなって。だから私一人では無理だろうなと思っていたけど、みんな、すごく気を遣ってくれた。おばあさんの面倒を見なきゃいけないと思ったんじゃないですか。それまで私が感じられていなかっただけかもしれないけど、優しさ、思いやりにたくさん触れさせてもらって、また続けてこられた。150人以上、預からせてもらいましたが本当に思いやりのある子ばかりで、それがチームスポーツである野球にもつながるんだろうね。甲子園で準優勝したチームもカバーし合っていた。下宿の子たちじゃないけど、それまでと同じように気持ちを入れて応援できて、感動を味わわせてもらった。朝晩の挨拶がなくなったのは寂しいけど、『ありがとう』しかないですね」

下宿はすでに取り壊したが、かけがえのない思い出は愛子さんの中に残り続ける。

103年前の第1回大会甲子園秋田代表 秋田中学校の熱い夏を追う

高校野球（戦前の中等学校野球時代も含めて）の歴史を遡《さかのぼ》って、秋田県勢の全国での戦い方を見ていくと、第1回大会の秋田中（現秋田高）の準優勝以降は、なかなか全国の舞台で勝ち上がっていってはいない。というよりも、全国の舞台へ進出を果たしている学校そのものが、戦前では秋田中をメインとして8回、秋田商が2回、そして当時は存在していた秋田師範が1回というものである。

さらに新学制になっても秋田と秋田商が出場を果たしてはいたが、その両校以外で出場を果たしたのが1963（昭和38）年春の大曲農と夏の能代だった。そこから、秋田県では秋田工や秋田市立（現秋田中央）、本荘、横手など新たな顔ぶれが出場してくるようになったが、なかなか甲子園では勝ち上がっていくチームは登場しなかった。

「東北勢は、雪などでグラウンドが閉ざされている時間も長く、高校野球チームは全国で勝てるチームはなかなか現れない」

そんなことも囁《ささや》かれる時代でもあった。そして、東北6県の中でも仙台育英と東北が競い合っていた宮城県や、69年夏に三沢が準優勝を果たしている青森県、71年に磐城が「小さな大投手」と言われた田村投手で準優勝を果たしている福島県などに比べて、秋田県は「弱い東北の象徴」のような存在として扱われていたくらいでもあった。

結局、秋田県勢は、今大会で金足農が決勝進出を果たすまでは、戦後になってからはベスト4が最高だった。65年の秋田と初出場ながら1回戦で広島商を下して勢いに乗って、別府商、唐津商、新潟南などを下した84年。さらには、時代が昭和から平成に変わった年の89年に秋田経法大附（現明桜）が、背番号10をつけた一年生投手の中川申也（その後、阪神）の活躍で出雲商、星稜、福岡大大濠を下して、優勝した帝京には0対4で敗れた大会が、秋田県勢が躍進した年だった。

なお、この年の大会ではベスト4に仙台育英も残っており、

「新時代とともに高校野球勢力構図も変わった」

「東北勢が野球弱小地域のイメージを払拭した」

などと称えられた年でもあった。

しかし、その後も秋田県勢にとって、甲子園の決勝の壁はことのほか厚かった。というよりも、95年夏に金足農がベスト8に進出をしているが、それを最後にまたまた、甲子園ではあまり勝ちきれない県という存在になっていたのだ。

ところで、記念すべき第1回大会の秋田中の決勝進出とは、どんな戦いだったのだろうか。ここで少し、その足跡を振り返ってみよう。

1915（大正4）年8月18日、全国から集まった精鋭10校によって、第1回全国中等学校野球優勝大会が大阪府の豊中グラウンドで開催された。大会開催決定から代表校選出までの時間的な問題もあって、地区大会は春季地域大会などで代替えにした地区もあった。それらを含めて、この大会に参加したのは全国で73校だった。

秋田県の洋学校として1873（明治6）年に創立されて、その後に統合や改称を経て1901（明治34）年に秋田中となったが、創部はそれ以前とも言われるくらいの歴史がある。そして、大阪で中等学校の全国大会が開催されることを知ると、県内の学校に声をかけて県大会を開催し、勝ち上がると東北代表として出場することとなった。

もっとも、後日、当時は最も力があるとされていた盛岡中（現盛岡一）などの岩手県勢は全国大会開催のことを知らされていなかったとして抗議。そのことが物議をかもしたということも伝えられている。

閑話休題、全国大会に進出した秋田中の初戦の相手は三重県の山田中（現宇治山田）だった。東海代表の山田中に対して秋田中は、エース長崎広が山田中打線を3安打に抑えて9対1で快勝。次が準決勝となったが、相手は東京代表で大会前から優勝候補と言われていた早稲田実だ。やはり、早稲田実は強いだろうと思われたが、「東北の秋田の学校なんかに負けるわけがない」と、高をくくっていた早稲田実が、相手を軽く見ていて前日も遊んでいたという。今では考えられないことではある。

そんな相手の油断もあったのだろうが、長崎と渡部純司のバッテリーがしっかりとしている秋田中は、早稲田実を4安打に抑えて3対1で勝利。こうして堂々の決勝進出を果たしている。

2回戦　秋田中　9—1　山田中（三重）
準決勝　秋田中　3—1　早稲田実（東京）
決勝
秋田中　000　000　100　000　0＝1
京都二中　000　000　010　000　1X＝2（延長13回）

決勝の相手は京都二中（現鳥羽）だった。京都二中は初戦で高松中（現高松）に15対0と大勝。準決勝は東の早稲田実に対して西の横綱と言われていた和歌山中との試合となったが、1対1のまま9回となったところで、雨が激しくなる。結局、降雨で中止ノーゲームとなり、翌日仕切り直しとなり9対5で京都二中が勝利。

秋田中と京都二中との決勝ということになったが、試合は延長戦にもつれ込んでいく。最後は京都二中が秋田中の中飛の落球からチャンスを得て最後も、京都二中の打球が二塁ライナーとなったが、それを秋田中の二塁手が捕球できず、慌てて一塁へ送球したのが悪送球となり、二塁走者が帰って、劇的なサヨナラ試合となった。

こうして、記念すべき第1回大会の優勝は京都代表が飾ったのだ。それから幾星霜《いくせいそう》、第100回大会となった今年、その京都の名門龍谷大平安が甲子園通算成績2位となる100勝を記録した。これも何かの縁か、その年の決勝に秋田県の金足農が進出したというのも因縁だろう。こうした縁がつながっていくのもまた、甲子園の高校野球が長い歴史を育んでいく要素の一つとなっている。

秋田勢がこんなに強くなった要因を探っていくと、秋田高野連のある取り組みにたどり着いた

第100回の夏の選手権大会は記念大会にふさわしい大きな盛り上がりとなった。その要因は、下馬評通りの強さを示して優勝し、史上初の同一校で2度目の春夏連続優勝を果たした大阪桐蔭の活躍はもちろんだ。しかし、それ以上に、公立の農業校という、秋田県内出身者の選手だけで戦い、横浜や日大三など全国制覇の経験のある強豪校を下して決勝進出を果たした金足農の頑張りがあったからともいえる。

そんな普通の公立校である金足農が、どうしてそこまで強く戦えるようになったのかというと、その背景には秋田県が、県を挙げて組み立てた「県高校野球強化プロジェクト」の成果もあったのだ。

同プロジェクトは２０１１（平成23）年に秋田県の教育委員会と県高野連とによって立ち上げられた。そもそもの発端は、10年夏に出場した能代商（現能代松陽）が初戦で鹿児島実に０対15で敗退。県勢としては13年連続の初戦敗退となったのだが、大敗したということもあって、「これではいかん、何とかしよう」という意識になったことからだった。

折しも、09年夏に中京大中京（愛知）を率いて全国制覇を果たした大藤敏行監督が、中京大中京監督を勇退したということもあって、テクニカルアドバイザーを要請した。さらには、社会人野球の強豪で、何度も都市対抗野球に導き、現在はＮＨＫで高校野球解説を行っている前田正治、同じく熊谷組で監督経験のある清水隆一をアドバイザーとして招いた。それに、スポーツ医科学の専門家なども加えて、球速や回転数を調べ、動作解析を実施したりと、さまざまな角度から野球を分析し、それらを小学生から高校生の野球選手や指導者などに広く伝えていった。

また、県高野連としては県外の強豪校を招待し、県大会の上位校と招待試合を組んでいくことで、他県のより高いレベルの野球を吸収していく努力もした。

秋田県勢は、高校野球ではたまたま勝てていないという結果になっていたが、高校スポーツということでいえば秋田県のレベルは東北地区でも上位に当たる。かつて、東京オリンピックでもその名を轟かせた体操競技の小野喬も輩出しているし、インターハイでも何度も全国制覇を果たしている男子バスケットボールの強豪能代工は全国的にも有名だ。また、秋田工のラグビーや雄物川の男子バレーボールなども全国上位の成績を残している。そのことを考えれば、野球だけが後塵を拝しているという印象で、県内の野球関係者としては、忸怩たる思いもあったはずだ。

それにプロ野球選手としても落合博満（秋田工）、山田久志（能代）、石井浩郎（秋田）、高山郁夫（秋田商）、小野和義（金足農）、松本豊（秋田経済大附）といった選手を輩出しており、現役でもロッテの成田翔（秋田商）、ヤクルトの石川雅規（秋田商）や石山泰稚（金足農）などがいる。こうしてみると、スポーツ選手の素材力としては決して低くないということが言える。元々、秋田県はスポーツ庁が実施する「全国体力・運動能力調査」でも東北地区では群を抜いていた。数値は例年、非常に高い。だからこそ、アカデミックに研究して、より技術力を高めていく指導があれば、秋田県の野球レベルは確実に上がるということだ。

今回の金足農の躍進は、まさにそんな成果が上がったのだとも言えよう。

指導対象を小学生から始めたというあたりにも、長い目で成長を見守った結果、努力が実を結んだと言ってもいいだろう。

レベルの高い選手は多いが、その技術を実戦に生かす方法をなかなか理解していなかったということも言われた。それが、いろいろな人からのアドバイスに耳を傾け、それぞれで実践していくことによって、自分に合ったやり方、自分たちのチームに向いた取り組み方がわかってきたともいえる。

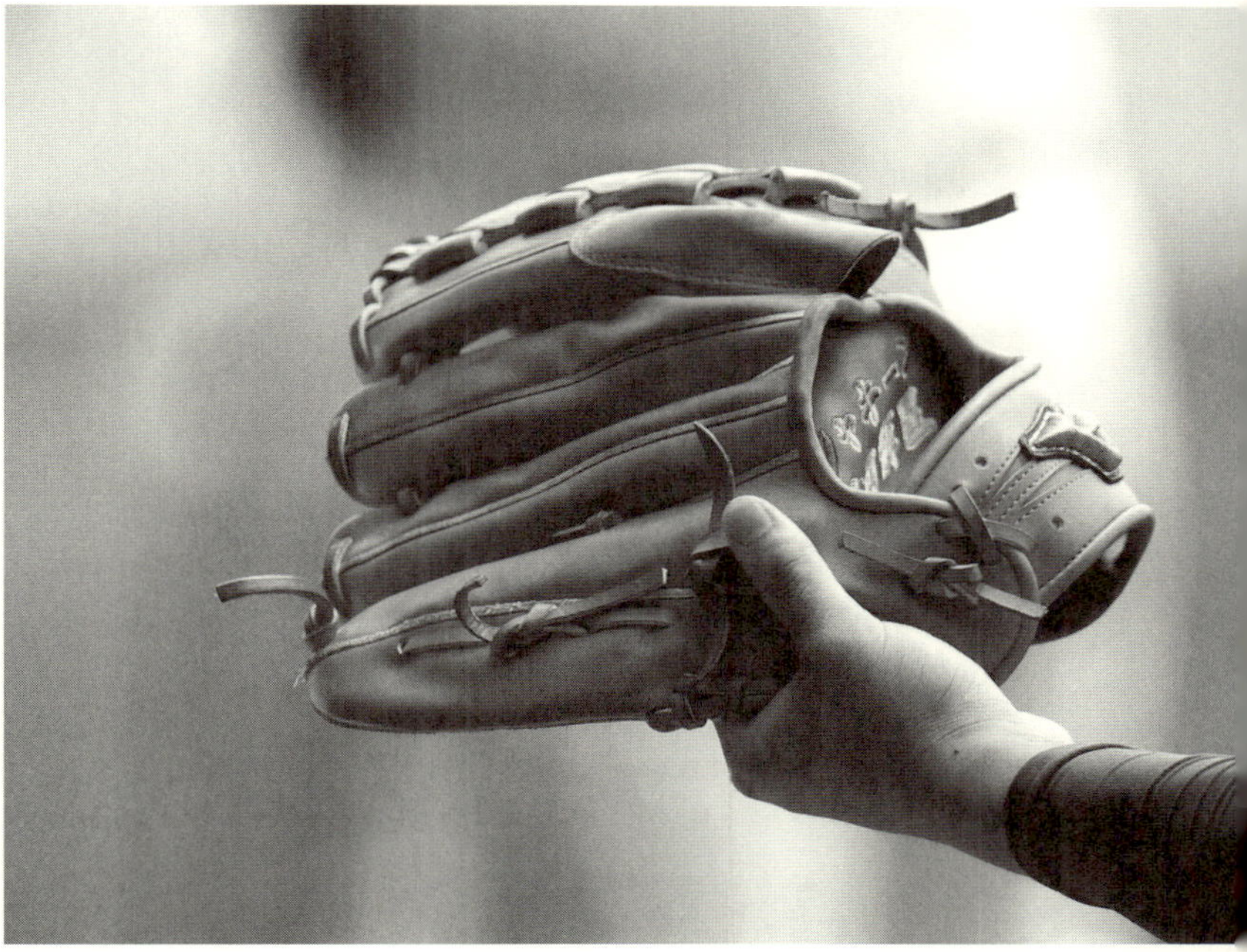

もう"一人"のナイン

力投した吉田のグラブには、
「シャキーン」の文字が書き記されていた。
ピンチのとき、この言葉が彼を救った。

「宿舎での過ごし方や、水分補給の仕方に至るまで、指導は細部にわたり我々が考えもつかないことを指摘していただけるので、とてもありがたい取り組みだった」

「アドバイザーの意見とか科学的な知見とか学ぶものはいっぱいあった。そして、練習方法よりも、監督としての心構え、勝つんだという気持ちがないと勝てないということを教わったのも大きかった」

中泉一豊監督も、その成果を感じていた。

エースの吉田も秋に球速や回転数、回転軸などを計測してもらったことが生きた。動作解析をして、その内容から自分の癖を修正して冬の取り組みに生かした。具体的には、「ボールの回転の軌道もまっすぐで、回転数もプロ並みと聞いている」と関係者も証言していた。実際、一冬越えて球速が3キロ増したというのも、その成果の一つと言っていいはずだ。加えて、持って生まれたクレバーさがあり、それを投球術として学んでいくことにより、より安定した投球が出来るようにもなった。

秋田県の特徴としては、東北のほかの5県に比べると野球部を強化している私学が明桜しかないということもあって、公立校が実績を挙げやすくなっている。しかし公立校の宿命として指導者の異動という現実もある。まだまだ、取り組んでいかなくてはならない課題もあるようだ。

当初は15年夏に秋田商が8強進出し、その年でプロジェクトは終了する予定だったという。

ところが目標の4強まであと一歩だったということもあって、「もう少し頑張れば、目標達成できるかもしれない」ということになり3年延長した。

図らずも、その最終年の２０１８年に目標をクリアして準優勝を果たしたのだった。

4章

金足農効果と秋田の人と文化

意外な秋田人の気質と各界の活躍者たち、そして秋田犬。吉田輝星よ、これに続け！

秋田県はどんな人材を輩出しているのか調べてみると、「えぇ？　あの人も秋田なの？」と意外な人が秋田から巣立っている。

秋田人の気質を見ると、男性は真面目でお人好しで頼まれたらノーと言えない。お祭りや遊びが大好きでテンションが上がりやすい反面、急にガクッと下がったりして真面目なのか遊び好きなのかわかりにくい。一方女性は色白の美人が多く、ファッションにも敏感。性格は朗らかで陽気でおおらかだが、男性よりも堅実な面を持ち合わせている、というから男性と女性、プラス、マイナスでちょうどほどよくいいのかな。男女とも郷土愛にかけては全国でも屈指の熱愛県だ。

ちなみに秋田出身の有名人を調べてみるとこんなに多くの人が各界で活躍していた。

各分野ごとに紹介してみた。

なかにはお亡くなりになられた方もいらっしゃるが、秋田が生んだ偉人ということで紹介させていただいた。

政治

明石康　大館市　国際連合事務次長。
菅義偉　湯沢市　総務大臣、内閣官房長官。

スポーツ

足利豊　秋田市　プロ野球選手。福岡ダイエーホークス、横浜ベイスターズ。
石井浩郎　八郎潟町　プロ野球選手。近鉄バファローズ・読売ジャイアンツなど、打点王。
石川雅規　秋田市　プロ野球選手。東京ヤクルトスワローズ、デビューから5年連続2桁勝利。
落合博満　男鹿市　プロ野球選手。ロッテ、中日、巨人、日本ハム　史上唯一の三冠王3回達成、監督として正力賞受賞。
小野和幸　秋田市　プロ野球選手。西武、中日、ロッテ、最多勝利（1988年）。
山田久志　能代市　プロ野球選手。阪急ブレーブス、通算284勝・勝率0．631、史上初の3年連続MVP、中日監督。
後藤光尊　八郎潟町　プロ野球選手。東北楽天ゴールデンイーグルス。
工藤幹夫　由利本荘市　プロ野球選手。日本ハム、20勝投手、指の骨折後日本シリーズでサプライズ登板。
攝津正　秋田市　プロ野球選手。福岡ソフトバンクホークス、2012年沢村賞獲得。

奥寺康彦　鹿角市　サッカー選手。横浜ＦＣ会長、欧州での日本人プロの草分け。
小野清子　秋田市　体操選手。宮城県生まれ、東京オリンピック団体で銅メダル、特命担当大臣・国家公安委員長。
小野喬　能代市　体操選手。オリンピックに4回連続出場、金メダル5個獲得（個人3、団体2）。
遠藤幸雄　秋田市　体操選手。オリンピックに3回連続出場、金メダル5個獲得（個人2、団体3）。
桜庭和志　潟上市　プロレスラー。「ＩＱレスラー」の異名。
荒木田裕子　仙北市　バレーボール選手。モントリオールオリンピック金メダルメンバー。
吉田義人　男鹿市　ラグビー選手。世界選抜に3度選出（史上唯一）、明治大学ラグビー部監督。
浅利純子　鹿角市　陸上選手。１９９３年世界陸上で日本女子マラソン史上初の金メダル。
長崎宏子　秋田市　水泳選手。ロサンゼルスオリンピック代表、日本選手権２００ｍ８連覇・１００ｍ7連覇。
高橋大斗　北秋田市　スキー選手。ノルディック複合、ワールドカップ優勝２回。
照國萬藏　湯沢市　力士。横綱（第38代）。
豪風旭　北秋田市　力士。これまでの最高位は小結。
清國勝雄　湯沢市　力士。大関、伊勢ヶ濱親方。

芸能

大坂志郎　能代市　俳優。
柳葉敏郎　大仙市　俳優。一世風靡セピア、『踊る大捜査線』の室井慎次。
山谷初男　仙北市　俳優。東北人役で映画・テレビ出演多数、角館の劇場「はっぽん館」。
桜田淳子　秋田市　歌手。第15回日本レコード大賞最優秀新人賞、紅白9回連続出場。森昌子・山口百恵とともに「中三トリオ」、『わたしの青い鳥』。
藤あや子　仙北市　歌手。紅白出場回数2桁。
村木賢吉　鹿角市　歌手。『おやじの海』で47歳にして全日本有線放送大賞最優秀新人賞。
東海林太郎　秋田市　歌手。第1回紅白出場、紫綬褒章、勲三等瑞宝章、『赤城の子守唄』。
正司花江　秋田市　お笑い芸人。かしまし娘。
鳥居みゆき　大仙市　お笑いピン芸人。埼玉県育ち。
生駒里奈　由利本荘市　元乃木坂46アイドル。（第1期生※初代センターポジション）、元AKB48、『AKB48 37thシングル選抜総選挙』14位にランクイン。
鈴木絢音　大潟村　乃木坂46アイドル（第2期生）。
佐々木希　秋田市　ファッションモデル。world's 100 Most Beautiful Faces 2010に日本人で唯一の選出。

壇蜜　横手市　タレント。東京都育ち、グラビアアイドル。
土方巽　羽後町　舞踏家。暗黒舞踏創始者、アスベスト館。

実業

佐藤義亮　仙北市　新潮社創立者。

音楽

鶴岡雅義　横手市　コーラスグループ「鶴岡雅義と東京ロマンチカ」リーダー。生誕地は新潟県。
因幡晃　大館市　シンガーソングライター。『わかって下さい』、アルバム『何か言い忘れたようで』。
高橋優　横手市　シンガーソングライター。

マスメディア

小倉智昭　秋田市　フリーアナウンサー。元東京12チャンネル『世界まるごとＨＯＷマッチ』ナレーション、『とくダネ！』メインキャスター。

文筆

内舘牧子　秋田市　脚本家。連続テレビ小説『ひらり』、『私の青空』、大河ドラマ『毛利元就』横綱審議委員、東京都教育委員、ノースアジア大学客員教授。

石川達三　横手市　芥川賞作家。

一ノ関圭　大館市　漫画家。

矢口高雄　横手市　漫画家。『釣りキチ三平』、『幻の怪蛇バチヘビ』。

小池一夫　大仙市　漫画原作者。『子連れ狼』でアイズナー賞・漫画の殿堂入り、『クライングフリーマン』。

小林多喜二　大館市　作家。

それともう一つ、忘れてはならないのが秋田犬《あきたいぬ》だ。

平昌五輪フィギュアスケートの金メダリストでロシアのアリーナ・ザギトワ選手に秋田犬保存会が贈った子犬「マサル」は有名。また、日本において最も有名なのは主人の帰りを一日も欠かさず渋谷駅で待って迎えた「忠犬ハチ公」の物語であろう。世界的に有名になった秋田犬も秋田を代表する名犬で、国の天然記念物として登録されている。

忠誠心がとても強く、飼い主の家族には愛情深く接するが、それ以外の人や犬には警戒心が強い。またＤＮＡにある猟犬や闘犬の血によって勇敢で頑固な性格も備えているが、非常に人気の高い品種の一頭に入っている。

金足農の偉業は「農業国日本を考える」きっかけにも結びつく画期的な出来事にもなった

文部科学省が発表する統計データによると、1970年度（昭和45年度）には、全国で679校、約22万3000人の生徒が在校していた農業高校。高校生全体との比較では、約5・3％が、農業高校の生徒だった。そして、その48年後となる2017年度（平成29年度）には、学校数は365校、生徒数は9万1000人強、高校生全体の比率では、約2・8％と、あらゆる数値が大きく減少してきている。

さらに細かく統計を見ていくと、前述の「365」という、農業高校の数にも、ちょっとしたからくりが潜んでいる。農業科のみで運営されている高校は、その内の32％にあたる117校のみ。それ以外の農業高校には、工業関係など、そのほかの学科が設置されていたり、農業系列の学科が設置されている総合学科高校であったりする場合も含まれ、その数は、全体の7割弱にものぼっているのだ。

少子化の影響はあるにせよ、農業を専門に学ぶ生徒の数が、これだけ少ないというのは、将来の日本農業を考えた場合、少々暗澹たる気持ちになってしまうのも、致し方ないだろう。

１００回を数える夏の甲子園大会において、農業系の学校が決勝戦に進出したのは、わずか3例。もちろん、その最新のものが、第１００回大会の金足農ということになるが、そのほかは、第16回大会（１９３０年）の諏訪蚕糸（長野、現岡谷工）、続く第17回大会（１９３１年）の嘉義農林（台湾）という、いずれも太平洋戦争が勃発する前の時代の出来事。ちなみに、蚕《さん》糸《し》とは、蚕《かいこ》の繭から作った糸のこと。また台湾は、当時日本領であり、甲子園大会には、台湾地区大会を勝ち抜いた高校が参加していた。

諏訪蚕糸は、広島商に2対8、嘉義農林は、中京商（愛知）に0対4と、金足農同様、名門中の名門校の前に屈し、準優勝に終わっている。

過去には、新発田農（新潟）、五所川原農林（青森）、益田農林（島根）、西条農（広島）、久居農林（三重）、日田林工（大分）、帯広農（北海道）、鹿沼農商（栃木）、須坂園芸（長野）、伊万里農林（佐賀）、都城農（宮崎）といった農業関係の高校が、夏の甲子園出場を果たしているが、基本的に、農業関連の高校が、甲子園にまで駒を進めるのは、レアケースとまではいえないまでも、それほど頻繁には起きない出来事ではある。

なお、農業高校に絞れば、２０１８年準決勝の日大三（西東京）戦までに、金足農がマークした「通算13勝」は、夏の甲子園におけるトップの勝利数ということになる。

かつては、農業高校同士の野球部が交流する機会も設けられていて、いずれも甲子園出場経験がある、金足農、西条農、新発田農といった高校野球部の部長、監督たちの集いが行われたこともあるそうだ。

金足農が快進撃を起こした、第100回甲子園大会では、アルプス席のブラバン応援における、農業関連高校の絆といったものも、大いに注目されることになる。

25人という、決して大所帯とはいえない、金足農ブラスバンド部の応援に入ったのが、農業を学ぶ「人と自然科」が設置されている、兵庫県立有馬高校吹奏楽部のメンバーたち。約40人の心強い助っ人たちは、パーカッションも持ち込みながら、金足農の応援演奏に、厚みと奥深さを加えていった。

農業を学ぶ高校生たちは、部活よりも、育てている農産物の世話を優先させなければならないという、厳しい現実に直面している。そのなかで予選を勝ち抜き、甲子園大会でも上位進出を果たした金足農ナイン、懸命な応援を繰り広げるブラスバンド部のメンバーに対して、有馬高校吹奏楽部の部員たちは、深い尊敬の念を抱いたそうだ。

大阪桐蔭との決勝戦では、有馬高校吹奏楽部に加え、さらに強力なサポートメンバーたちが、金足農側の甲子園アルプス席に集う。それは、秋田県を拠点に活動している、アマチュア楽団「秋田ブリティッシュブラスバンド（ABBB）」の有志たち。ABBBは、県立秋田工業高校OBたちを中心に結成され、イギリス式の金管楽器を中心としたブラスバンドだ。「決勝戦の金足農のトランペッターは、とてつもなく上手」といったツイッターが拡散されるくらい、その演奏は迫力に満ちていた。

泣くな輝星!

決勝戦の大阪桐蔭とは5回を投げ
ホームラン2発を含む、
12安打12失点と猛攻を受けた。
最後の最後、881球で吉田輝星は力尽きたが、
彼の熱投は日本国民の脳裏に見事に焼きつけた。
金足農雑草軍団の長い夏が終わった——。

農業関係ということでは、金足農への熱い報道で注目を浴びたのが、日本唯一の日刊農業紙である、日本農業新聞。連日、金足農の記事を大きく掲載し、甲子園大会における試合経過や勝負を分けたポイントといったことだけではなく、野球部員たちの農業高校生としての側面もピックアップした、独自の視点による記事は、テレビの情報番組や、一般スポーツ紙にも、大きく取り上げられた。

決勝戦後には、渾身の号外まで発行した日本農業新聞は、金足農フィーバーを巻き起こす先駆者的役割も果たした、隠れた功労者だったのかもしれない。

生徒による生鮮食品を作って販売する金農祭は、一般の人にも大人気とか。ちなみにどんなものを作って売っているの?

農業高校の学園祭は、普通の高校よりも、地域住民をはじめとする、高校関係者以外の一般人がたくさん訪れる、と言われている。

その最大の要因となっているのが、生徒たちが校内で育てた野菜や、飼育している牛の乳を原材料とした乳製品の販売を行っていること。無農薬で体にも安心な上に、スーパーで買うよりも新鮮、さらに価格が安いということもあり、学園祭の開始時間のずっと前から、校門の前に人々が行列を作っているケースも、決して珍しくはない。

なかには、学園祭で開催される生鮮食料品の〝朝市〟を目当てとする人々の車が列をなし、普段は見られないような交通渋滞を、早朝から引き起こすこともあるらしい。ちなみに、人々が車でくるのは、野菜などを大量に積み込むため。まず朝市で野菜を買い、駐車場に停めてある車に積載、その後、生徒たちが開いている模擬店を回り、食事を済ませるのが年中行事という、農業高校の近隣住民もいるようだ。

農業高校の生徒たちが育てた農作物や食品に関するビッグイベントが、「全国農業高校収穫祭」。9年目の開催となった、2017年11月の収穫祭は、花のお江戸のど真ん中である東京駅に隣接する、大丸東京店12Fレストラン街、八重洲地下街メイン・アベニューを会場に、全国46の農業高校が、自慢の野菜や乳製品、食肉製品を販売した。

参加した各高校にとっては、いかにして客たちの足を止めさせるかが勝負。そのために、地域の名物や話題を取り入れたパネルを掲示したり、コスチュームを身に付けたりと、様々な工夫をこらしたPRを展開している。

秋田県立金足農業高校も、毎年、このイベントに参加。2017年には、飼養している豚たちを原材料とした黒豚ソーセージ、校内の農場で栽培されたカボチャなどを販売した。2018年11月10日、11日に、同じく大丸東京店を会場として開催される「全国農業高校収穫祭」にも、金足農は参加予定であるが、甲子園大会の大フィーバー直後だけに、どれだけの人が殺到してくるのか、主催者サイドは、期待と不安が入り混じった心境というのが正直なところのようだ。

農業高校という枠からはハミ出してしまうが、日本でもっとも有名な農業系学校の学園祭といえるのが、東京農業大学の学園祭である「収穫祭」だろう。

東京都世田谷区にある本部キャンパスでは、はちみつや味噌の販売、神奈川県厚木キャンパスでは飼育した肉を材料とした食品の販売、北海道オホーツクキャンパスでは鮭のつかみ獲りが名物となっているが、毎年、約12万人もの人々が訪れる。もちろん、東京農大応援部が繰り広げる、名物の大根踊りも、収穫祭で見られるはずだ。

甲子園大会で巻き起こった、空前の金足農フィーバーを受けての金足農の学園祭、「金農祭」は、２０１８年10月19日、21日の両日に開催予定。平日の金曜日となる19日は、生徒や父兄といった学校関係者限定となるが、日曜日の21日には、近隣住民など、一般の人の来校も可能となる。

金農祭は、毎年２０００人近い人が訪れる、地域の人々にとても人気のイベントだが、２０１８年には、どれほどの数の人が訪れるのか、ちょっと予想がつかない雰囲気も漂っている。「もしかしたら、吉田輝星くんや、金足農ナインに会えるかも」と考える人も、当然多いだろうし、県外からも、金足農野球部ファンが大挙して押しかけてくる可能性は、十分にありそうだ。あるいは、その対策として「入場制限」、「時間制限」といった規制がなされるかもしれない。

とはいえ、金足農は、普通の高校とは比べ物にならないくらい敷地が広い学校、校内の収容可能人数に関しては、さほど問題がないのかもしれない。

また、同校の松田聡教頭が、甲子園大会後に、「応援してもらった皆さんにお礼ができる機会、是非来てけれ（来てください）」と、金農祭に関するコメントを発しているのも、野球部ファンにとっては、頼もしいところだ。

金農祭の内容だが、前述の「全国農業高校収穫祭」にも出品されるであろう、校内で栽培された野菜、飼育された畜産物の肉を使用した加工食品、搾乳された牛乳を使った、バター、アイスクリームなどの乳製品の販売は、一般の人々にとっても大きな楽しみ。それこそ、車で駆けつけ、たくさんの野菜や食品類を積んで帰る人も多いことだろう。

イベントとしては、各クラスが参加する「かかしコンテスト」が有名。吉田のシャキーンポーズや、のけ反り全力校歌斉唱をモチーフとした、かかしが登場してくる可能性は、十二分にありそうだ。

もちろん、甲子園でも頑張った吹奏楽部や生徒たちが作ったバンドの演奏といったものが楽しめるステージや各クラスが出店する模擬店も金農祭の見どころ。

野球部独自の出店予定などはないそうだが、校内のどこかで、ごく普通の高校生としての彼らに出会えるかもしれない。

野球部以上の快進撃!? 売り切れ続出! いま秋田は〝金農パンケーキ〟ブーム。全国販売をする予定は?

「ローソン行ったが、手に入らず。発売30分で売り切れたとのこと」

「朝5時半にローソン。発売3日にして、やっとゲット!」

「5月のときと、ちょっとパッケージが変わっている!」

「秋田までは、さすがに行けない。全国発売してくれないかなぁ」

「想像していた以上に、本当においしい! また食べたくなる味!!」


２０１８年8月末。秋田県内の大手コンビニチェーン・ローソンで限定販売されている、ある商品が、ツイッターを中心に大きな盛り上がりを見せていた。

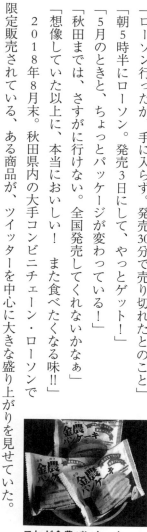

商品の名前は、「金農パンケーキ」。前述のツイッターにあるように、２０１８年5月に、期間限定で発売されていたものを、パッケージを少し変えた形で、再発売したのだ。

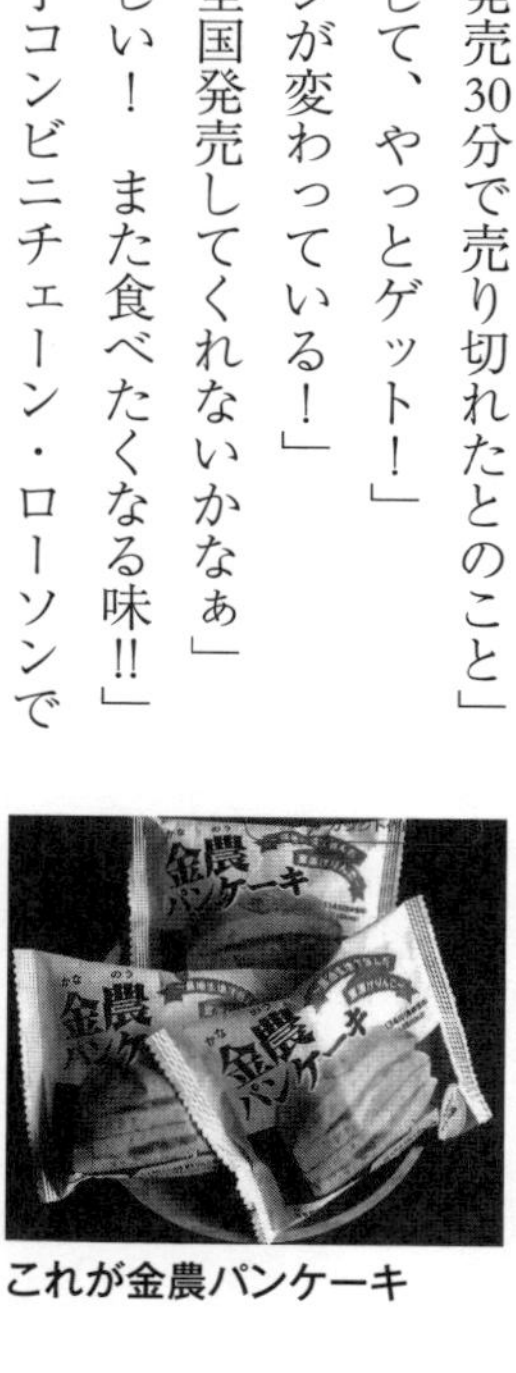

これが金農パンケーキ

近年、ローソンは食品流通科や生活科学科といった学科を持つ、全国各地の高校とコラボレート商品を開発、発売していくプロジェクトを行っているが、金農パンケーキは、商品名通り、ローソンと金足農の生徒たちが、協力しながら作り出した食べ物ということになる。ちなみに、ローソンと金足農の共同商品開発の歴史は、案外長く、２０１２年から7年連続で行われている。また、ローソンと農業系高校とのプロジェクトは、秋田県以外にも、和歌山県、鹿児島県、福岡県、愛知県でも行なわれ、それぞれの地域で、共同開発した商品を販売しているそうだ。

もちろん、この金農パンケーキの再発売は、商品の評判が非常に良かったことのほかに、夏の甲子園大会における、金足農野球部の快進撃も、大きく影響している。金足農にとっては、農業高校としてのブランド力アップということにつながるし、主な購買者である秋田県民にとっても、美味しい食べ物が、再び味わえることに加え、２０１８年夏の素晴らしい出来事を深く心に刻み込む記念品として、是非、金農パンケーキを買いたいという気持ちを抱いたはずだ。当然、ローソンにとっては、絶好の商機となるわけだし、この金農パンケーキ再発売は、すべての人々にとって、まさに願ったり、叶ったりの展開となる、非常にタイムリーな企画だった。

金農パンケーキは、税込で１４５円。秋田県産のブランド米「あきたこまち」を使用した米粉、同じく秋田県産の新鮮で、品質の良い卵、山形県と秋田県にまたがる、標高２２３６メートルの鳥海山で生産されるジャージー牛乳、秋田県潟上市にある、小玉醸造が作った、しょうゆ、５月発売のときに使用されていた、秋田県の隣、青森県にある農林省園芸試験場東北支部をルーツに持つ、ふじりんごから作られたジャムこそ、中国産りんごのジャムに変更されたが、主な原材料には、地元産が使用され、「地産地消」の精神が、しっかりと貫かれている。

甲子園大会期間中、宿舎における金足農ナインの胃袋を支えた、あきたこまちは、米粉となり、金農パンケーキの肝とも呼べる働きを示している。それは、米粉を使用している分、コンビニで販売されている、他メーカーのパンケーキよりも、もちもち感に勝っているということ。さらに、あきたこまちの米粉と、県内産の新鮮な卵がベースとなっている生地には、小玉醸造自慢のしょうゆが練り込まれ、もちもち感、香ばしさ、ほんのりとしたしょっぱさも併せ持つ。独特のパンケーキ部分が完成した。

金農パンケーキは、2個入りとなっているが、ひとつには、鳥海山を故郷とするジャージー牛乳から作られたミルククリームとホイップクリーム、そして、もうひとつには、りんごジャムとホイップクリームがサンドされている。どちらも十分に美味しいが、「特に、ミルククリームと甘じょっぱいパンケーキとの相性が抜群」という声が、多く上がっているようだ。

5月に金農パンケーキが発売された初日には、企画、制作に関わった金足農の生徒たちが、広報活動を学ぶという目的もあって、ローソン前に特設テントを張り、そこで販売するイベントを行っていた。一方、8月末の再発売時の金農パンケーキは、特別な広報活動をしなくとも、すでに抜群の知名度を獲得していて、発売即売り切れという日々が続く。ツイッター、インスタグラムなどのネタにするために、秋田県外の人が買いにくるケースも多かったようだ。東京のラジオ局でも、タレントが金農パンケーキを食べたこと、記念になると思い、パッケージを保存しているという話を、楽しそうに喋っていた。

実は、5月の段階で、金足農の生徒たちとローソンのコラボレーションが生み出した商品は、金農パンケーキだけではなかった。もうひとつ、「金農デニッシュドーナツ」が発売されていたのだ。秋田県男鹿市産の塩を混ぜたキャラメルクリームが入った、金農デニッシュドーナツの評判も上々で、「本当は、デニッシュドーナツの再発売を期待していたのに……」と思っている人も、けっこう多いらしい。

⑪「秋田美人」には理由がある！気候、睡眠、それともロシアとの混血説!?

「日本三大美人」とも賞される、美しき女性を数多く輩出している都道府県として有名なのが、京美人の京都府、博多美人の福岡県、そして秋田美人の秋田県だ。

京美人の郷、京都は、古からの都であり、元々が、数多くの美人が存在しやすい環境が整っている。また、古来から美人の産地と言われていた日本海側の町との航路が拓かれ、船に乗って、たくさんの美人が京にやって来たという説もある。ちなみに、京で歌人として大活躍した、京美人の代名詞のひとりでもある小野小町は、秋田に生まれた秋田美人でもあった、という伝承がある。

博多美人は、江戸時代中期から、大勢の芸妓が存在していた歓楽街があり、彼女たちが選択、淘汰された結果、美人が多い街となったという説がある。現代においても、博多女性の美容への関心は極めて高く、実際、女優やアイドル歌手といった、容姿を売り物にする職業に就く数も、非常に大きいものとなっている。

現在の秋田美人にも、女優の佐々木希、同じく女優で、熱烈な「新世紀エヴァンゲリオン」ファンとしても知られる加藤夏希、幅広い分野で大きな存在感を示すタレントの壇蜜、超人気アイドルグループ乃木坂46の中心メンバーとして活躍し、現在はグループを卒業して活動している生駒里奈、ベテラン実力派演歌歌手として確固たる地位を築いている藤あや子、特異な芸風ながら、実は相当な美人という珍しいキャラクターを確立している、芸人の鳥居みゆきなど、芸能界で活躍している人は多い。

なかでも、佐々木希は、世界各国の人々がインターネットで投票した「世界のもっとも美しい顔１００人」に選ばれるなど、現代の秋田美人を象徴する存在となっている。

京美人や博多美人が、なぜ多いのかという理由については、さきほど軽く触れたが、秋田美人に関しても、その根拠となる説が、いくつか囁かれている。

まず、日照時間が少ない日本海側に位置している上に、冬場は雪が多いという、気候的な地域性に根拠を求める説。

日照時間が短いということは、美肌の大敵ともいえる、紫外線を浴びにくいということにもつながる。さらに、秋田県は、雪国であるばかりでなく、雨や曇りの日も多く、とにかく日照時間が短い。「色が白いは七難隠す」の格言通り、色白は美人の第一条件なのだ。ちなみに、七難とは、「顔立ちの不味さ」、「キツい性格」、「乱れた生活」、「老いへの恐怖」、「運の悪さ」、

「色気のなさ」、「みすぼらしさ」のことで、正直、色が白いだけでは如何ともしがたいであろうという「難」もあるような気がするが、色白には、それだけの凄まじいパワーがある証明なのかもしれない。

次に、地理的にも近いロシアからの血が秋田県人には流れている説。

日本でもスーパーアイドル的な人気を博している、ソチ五輪女子フィギュアスケート金メダリストであるアリーナ・ザギトアが象徴的だが、「ロシア人に美人が多い」というのは、日本人にとっての共通認識だと思う。そのロシア人が、昔日本に渡ってきたため、秋田県民には、ヨーロッパ人と酷似したＤＮＡを持っている人が多いというのが、この説の根拠だ。実際、青森県西部には、ヨーロッパ人の系統に近いＤＮＡウィルスを持つ人が多いという研究結果も出ているが、それが昔に渡来したロシア人のせいかどうかは不明。ただし、佐々木希がそうであるように、秋田美人には、背が高く、手足が長く、日本人離れした、彫りの深い顔立ちをした女性が多いのは事実だ。

第三は、久保田藩の領主である佐川家の殿様が、常陸国（現在の茨城県）から秋田に移ってきた際に、常陸国にいた美人たちを、根こそぎ連れて来たので、美人が多くなったという説。この話には、「だから現在の茨城県には、美人がいない」という、かなり失礼なオチも付いている。

最後は、秋田県民はよく眠るから美人になる説。

総務省が行った「社会基本調査」によると、秋田県民は、47都道府県全体でも1位となる、7時間56分の睡眠時間を確保しているそうだ。睡眠をしっかり取ると、美肌作りのために必要な成長ホルモンの分泌量が増え、昼間の紫外線で受けたダメージが修復されやすいとも言われている。「美人は、夜作られる」というキャッチコピーもあったが、美人ほど、夜はしっかり眠っているのかもしれない。

前記の諸説には、「なるほど」と思われるものも、「本当かな」と感じられるものもあるが、秋田美人は性格的にも朗らかで、遊び人気質が大きい秋田男性よりも、はるかに堅実だそうだ。大きなお世話だろうが、吉田輝星をはじめとした金足農ナインも、身近にいる秋田美人を伴侶として迎えれば、明るい未来が待っているのではないだろうか。

秋田県民の気質なのか 男子高校生がコートを着ない理由は?

県立高校なので、当然といえば当然なのだが、第100回甲子園大会で大旋風を巻き起こした金足農野球部ナインは、全員が秋田県内に所在する中学校の出身者。つまり、秋田県民気質を強く受け継ぐ、若き男たちということになる。

秋田県は、東北地方の北西部に位置し、総人口約95万5000人。青森県、岩手県、宮城県、山形県に隣接し、県の西側は、日本海に面している。

県の木は日本三大美木に数えられる「秋田杉」、県の花はタンポポのように綿毛をつけた種子を飛ばす「フキノトウ」。

県の鳥は日本の固有種であり、希少性が高い「ヤマドリ」、そして県の魚は煮たり、焼いたり、干物にしたり、味噌漬けにしたりとするほか、しょっつる（魚醤）の原材料にもなる、秋田県民のソウルフード、「ハタハタ」ということになる。

江戸時代は、関ヶ原の戦いで徳川家と対立した西軍に内通し、常陸国から転封された佐竹氏が久保田藩を立藩。現在の佐竹敬久秋田県知事は、佐竹北家の21代目当主でもある。

秋田県民、なかでも男性の気質としてあげられるのが、東北人らしい真面目さが根本にはあるものの、決してお堅いということはなく、社交的で、遊ぶのも大好き、というもの。

食道楽、着道楽の傾向も強く、グルメやファッションに対する興味も深いようだ。

グルメということにも関連してくるが、秋田県民の酒好きは、よく知られたところ。元筑波大学教授である原田勝二氏が実施した調査によると、「酒豪都道府県ナンバー1」に輝いたのも、ほかならぬ秋田県だった。

日本人の成人全体では、「酒に強い」人の割合は約60％。「酒は飲むが、あまり強くない」人が約35％、「下戸」が約5％。ところが秋田県民は、「酒に強い人」の比率が76・7％にも達し、2位タイで並ぶ、岩手、鹿児島両県の71・4％を大きく引き離し、断然のトップに立っている。

ちなみに、「酒豪」の割合がもっとも低いのは三重県の39・7％。首都東京は、ジャスト平均値となる60％で、19位にランクされた。

原田元筑波大学教授によると、秋田県民に酒豪が多いのは、まさに「遺伝子レベル」の問題とのこと。簡単に説明すると、アルコールを摂取した際に発生するのが、頭痛や吐き気を引き起こす物質であるアセトアルデヒド。

そのアセトアルデヒドの分解を促す酵素を、秋田県民は遺伝的に、たくさん保持しているわけだ。

おそらく、秋田県男性の社交性の高さや、遊び好きといった特性は、日本一の酒豪県であることとも、深く関連しているのだろう。

グルメであることも同様なのだが、着道楽の習慣も、江戸時代の久保田藩時代からの傾向だと言われている。

土壌が良い秋田は、米の生産力が大きく、そのことがもたらす経済力の高さが、豊富な物資が入ってくる源となっていた。

完全な贅沢品である着物の購入を盛んにしたのも、その経済力が為せる業。これまでのものとは、色合いや柄が違う、最新流行の着物が、次から次へと欲しくなってしまうのは、昔も現在も、人間の性とも呼べる現象なのだろう。

伝統的に、最新ファッションに対する敏感さを備えている秋田の若者だが、近年大きな話題となったのが、地元紙である秋田魁新聞が掲載した記事が発端となった、「秋田の高校生は真冬でもコートを着用しない」問題だ。

Ｂ級グルメの大会「Ｂ－１グランプリ」での優勝経験を持つ、「横手焼きそば」発祥の地でもある、秋田県横手市は、数メートル先の視界も十分ではないほどの、県内でも有数の豪雪地域。当然、冬場の寒さも半端なく、コートを着用しないのは、命にも関わる振る舞いだとも思える。

それでも、この地域の大半の高校生がコートを着用しないのは、その方がカッコ良いと考えているからだ。江戸っ子の粋を表す言葉に、「江戸っ子は伊達の薄着で風呂熱く」というものがあるが、寒いからといって、ボテボテの厚着をするのは野暮、多少のやせ我慢はしても、常にかっこ良くありたいという気持ちが、生まれながらの遊び人である秋田県民には強いのかもしれない。

また、ほかの連中がコートを着ていないのに、自分だけ着用するのは、かえって目立つから嫌という、思春期の高校生らしい理由もあるようだ。

もうひとつ、コートは着なくても、重ね着をすれば、ある程度寒さは凌げるという理由もあるようだが、これは寒さへの耐性が極めて高い、秋田県民ならばこその対処法だという気もする。

過去の無名校旋風、やまびこ打線の池田などのジャイアントキリングを果たした高校

判官びいきという言葉がある。甲子園の高校野球ファンにとっても好きな言葉である。意味としては、「兄の源頼朝に嫉まれて滅ぼされた、九郎判官源義経に対する同情の意味を込めたというところが語源となって、第三者が弱者の立場にあるものに対して同情する気持ち」（三省堂『明解国語辞典』第四版）ということだが、甲子園のファンは、弱者とされているチームの方に肩入れする傾向が多い。

これは、一つにスポーツを見る側の立場として、どこかに番狂わせを期待したいという心理があるからだ。それが、甲子園の高校野球という場では第三者的な人が多く観戦しており、そういった心理が大きく働くからだとも思われる。

そもそも、スポーツの世界では番狂わせということを面白がっていく傾向があり、それもまた一つの楽しみ方でもあるのだ。番狂わせは事前の予想に反した結果になるということだが、欧米のラグビーやフットボールの試合でも「アップセット」「ジャイアントキリング」などの言葉で表現される。

甲子園の高校野球では、しばし、スタンドのファンが判官びいきの心理によって、そんなジ

ャイアントキリングの後押しをすることになるという現象もある。高校野球では、9回の最後の攻撃で、負けているチームが反撃して食い下がるというシーンが多く見られるのも、実はそうした観客の期待する力が作用しているということもあるのではないだろうか。今大会の金足農のように、大会を通じて判官びいきの期待を担う形になっていき、それが次々に番狂わせを生んでいくという、ミドルスパンによるジャイアントキリングの波に乗るということもある。

それでは、過去、甲子園の大会でそのような波に乗ったチームはどんなところがあったのだろうか、少し拾ってみた。

比較的記憶に新しいところでは、「21世紀最初の世紀の番狂わせ」と言われたのが2007（平成19）年の第89回大会の佐賀北の優勝がある。

この大会で開幕試合に登場した佐賀北、7年ぶり2度目の出場だったが3年連続18回目出場の福井商に快勝。続く2回戦ではその後巨人入りする中井大介がエースで4番の宇治山田商と延長15回、4対4の引き分け再試合の後に9対1で勝利。3回戦では格上と思われた前橋商に競り勝つ。ベスト8に進出したが、8校のうち公立校は今治西と2校だけで、ここまで進出したことでも大健闘と言われていた。

準々決勝の帝京は優勝経験もあり、この大会でも優勝候補の一角として名前も挙げられていた強豪だ。2度もスクイズを本塁で刺すなどのプレーも出て、延長13回の末に下した。この段階ですでに佐賀の方言で「がばい（すごい）旋風」と言われていた。

準決勝は長崎日大で九州対決となったが、長崎日大有利の予想を覆して3対0の快勝。そして決勝は、野村祐輔（広島）と小林誠司（巨人）のバッテリーが大会前から注目されていた優勝候補筆頭の広陵。8回まで野村に完全に抑え込まれて0対4。しかし、その裏押し出しで1点を返すと、さらに一死満塁で副島選手の逆転満塁本塁打が飛び出した。公立校としては11年ぶり、佐賀県勢としては13年ぶりとなる全国制覇だったが、まさに起死回生の一発は「がばい」一発でジャイアントキリングを起こした。

これより13年前の佐賀商の優勝も「奇跡」と言われるものだった。この年は九州旋風が吹き荒れておりベスト8のうち半分の4校を占めた。さらに準々決勝を経てベスト4には九州の3校が残った。そして九州対決となった決勝は、力では7対3くらいで上と言われていた樟南に対して佐賀商が食い下がり4対4の同点。そのまま延長に入っていくのかと思われた9回、佐賀商はまさかの2番打者西原選手が二死満塁から本塁打を放った。大会前佐賀商の優勝を予想した人は誰もいなかった。

予想を覆した優勝としては夏の大会では、65年に原貢監督が率いた三池工の「爆発事故や労働争議などで沈んでいた炭鉱の町に光をともした」と言われた初出場初優勝。55年の四日市が三重県勢として初勝利を果たしたと思ったらそのまま優勝という快挙もあった。

判官びいきがもたらしたジャイアントキリングの快進撃は、春のセンバツにも多く見られている。最たるものは、戦後間もない54年の第26回大会。南アルプス山麓から初出場してきた飯田長姫（現飯田ＯＩＤＥ長姫）が、「小さな大投手」と称えられた光沢毅投手を擁して浪華商、高知商、熊本工、小倉と並み居る強豪を下しての優勝がある。

優勝こそ逃したものの、わずか11人の部員で決勝進出を果たして〝さわやかイレブン〟などと称せられた74年の池田もその顕著な例だった。もっとも、11人の選手だけで戦ったことを、ことのほか強調していくメディアに対して、当時の池田・蔦文也監督はこう言い切って牽制していた。

「ワシのしごきがきついけん、ようけおったんが逃げ出しただけじゃ。たまたま11人残っただけじゃけん、さわやかでも何でもないんじゃ」

その後に、甲子園で一時代を築いて、高校野球革命とまで言われた池田の活躍ぶりを見ると、あながちその言葉にも頷ける。

少人数での戦いといえば、その7年後、高知の中村がエース山沖之彦（阪急ほか）を軸として12人の部員で戦い「24の瞳」と称されて人気を博し戸畑、海星、天理、岡山南を下して決勝進出。決勝では箕島に敗れたものの、見事な快進撃だった。

ほかには、1回戦で近藤真一投手を擁する優勝候補筆頭と言われた享栄に3安打に抑えられながらも1対0で辛勝すると拓大紅陵、京都西（現京都外国語大西）などを下して富山県勢として初めて4強入りした新湊もジャイアントキリングと言っていいであろう。

また、桑田真澄（巨人）や清原和博（西武→巨人など）らがいて、当時全盛期を誇っていた

PL学園を準決勝で下して、決勝でも帝京に完封勝ちして初出場初優勝を果たした85年春の伊野商も、ジャイアントキリングを起こしたと言える存在だ。

08年に、特待生を1学年5人までを目安とするというガイドラインが打ち出された。

このことによって、ますます私学の強豪校と公立校の戦力に格差が生じて二極分化が進んでいる高校野球。それでも、「戦力的に恵まれない公立校を応援したい」という判官びいきのファンがいて、劣勢なチームを応援する。それが後押しとなってジャイアントキリングが起きないとは言えない。それもまた、高校野球の面白さでもあるのだ。

北別府学、山田博一、B・ドージャー 農業高校出身の野球異能派伝

農業高校出身のもっとも偉大な野球選手は通算213勝、沢村賞2回の北別府学である。

鹿児島県曽於郡末吉町（現在は曽於市）にある農家の三男坊に生まれた北別府は、中学を卒業すると北隣の宮崎県にある都城農業高校に進んだ。鹿児島県の自宅から宮崎県にある学校に通じる道は未舗装の田舎道で坂も多かった。彼は毎日その悪路をペダルをこいで通ったが20キロ近くあるので片道1時間20分かかった。しかしそれを続けているうちに太ももが鍛えられ2年生になると1時間で行けるようになった。さらに三年生になると太ももが競輪選手並みのパ

ワーを有するようになったので50分しかかからなくなった。

通学時間が短くなるにつれ、制球が見違えるように安定し、三年生の春の九州大会では、文武両道で知られた柳川の伝習館戦で完全試合をやってのけた。

これを機に北別府はプロ野球のスカウトたちから注目されるようになった。夏の甲子園は地区予選の準決勝で敗退したが、カープの宮川スカウトは高い評価を変えずドラフトで1位指名してくれた。

プロ入り後は、スピードボールがない不利を研ぎ澄まされた制球力と緻密な頭脳でカバーし、早くも2年目に一軍に定着。19年に及んだ投手生活で213勝をマークする偉業を成し遂げた。その緻密な頭脳は長女のYさんに受け継がれたのだろう。Yさんは最難関の広島大学医学部に合格。さすがは北別府の娘だとカープファンの間で話題になった。

農業高校出身の最もユニークなプロ野球選手は87年から4シーズン、ベイスターズに在籍した山田博一だ。

米国の学校ではスポーツが3シーズン制になっているため一年中野球をやっている中学・高校はどこにもない。メジャーリーグのスター選手の多くは中学高校時代3つのスポーツをこなし、野球だけでなく、フットボールとバスケでもヒーローだった。こうしたマルチ・スポーツ・ヒーローは、一つのスポーツを極めることを良しとする日本では生まれないように思えるた。1980年代の半ばに帯広農業高校の外野手だった山田博一である。彼は冬の間アイスホッケーに打ち込んでレベルアップし、アイスホッケーの強豪、日本大学から推薦入学による入団をオファーされた。その一方で、野球の方でも横浜ベイスターズのスカウトから高い評価を受け入団を打診され、山田は「アイスホッケーを断念すればドラフト外で入団させる」というベイスターズの申し出を受け入れ、内定していた日大アイスホッケー部への入団を取りやめた。『ニュースステーション』で山田が野球とアイスホッケーのはざまで悩む様子が報じられたこともあって、当初山田は大いに期待されたが、いつまでたっても才能の開花は見られず、1軍で一度もプレーする機会を与えられないまま4年で戦力外になった。

プロ野球の世界では成功しなかったが、山田がアイスホッケーで下半身を強化し、野球のレベル向上にもつなげたことは、もっと評価されるべきだ。ウインタースポーツは下半身を鍛えてくれる。北海道が生んだ大打者若松勉は、冬の間クロスカントリースキーに打ちこんで下半身を鍛え上げ、それが鋭いスイングと強い打球を生み出す土台になった。カナダ出身のメジャーリーガーたちも高校時代、冬になるとアイスホッケーに熱中したことで下半身が強化され、野球選手として成功する礎になった、と異口同音に語っている。山田博一はベイスターズに入団するのと引き換えにアイスホッケーをやめたが、続けていれば下半身が鍛えられ、スイングがもっと早くなっていたかもしれない。

メジャーリーグにも農業高校出身のスター選手がいる。ブライアン・ドージャー（現ドジャース）は一昨年ア・リーグの二塁手では史上最多の42本塁打を記録したメジャーを代表する強打の二塁手である。

金足農業高校の吉田輝星は雪で閉ざされた冬に中泉監督が実施した地獄の特訓で下半身を鍛えられ、球威が格段に増した。それと同様に、ミシシッピ州のイタワンバ農業高校の内野手だったドージャーは、夏休み期間中に野球チームのロング監督が強化キャンプを実施して鍛えてくれたので打撃に開眼し、高二と高三のとき2年連続で5割超の打率をマーク、大学野球を経由してプロ入りする道が開けた。

ドージャーはミシシッピ州の人口4千の町フルトン出身。町でただ一つの高校であるイタワンバ農業高校に入学後は、身体能力の高さにものを言わせて秋はフットボール、冬はバスケ、春は野球で活躍。その合間にゴルフもやって好成績を出す万能選手になった。とくに野球では一年生からレギュラーだったが、プロのスカウトはおろか、大学野球のリクルーターすら寄りつかない僻地の学校だったので、プロや大学のチームに進んでプレーできる可能性は無かった。それが可能になったのは、5割超の打率を2年連続で出し、ミシシッピ州北部の高校ＭＶＰに選出されたからだ。それを知って野球の強豪である南ミシシッピ大が奨学金付きで勧誘に来てくれたので、高校を出て就職するはずだった人生が大きく転換することになるのだ。

米国の公立高校の監督がボランティアでサマーキャンプをやることはほとんどない。しかし家族的な連帯感がある南部のコミュニティーでは、無償で子供に教えることに生きがいを感じる、人徳のある監督がいるのだろう。秋田県とミシシッピ州がダブって見える。

秋田市追分駅から
金足農業高校まで徒歩15分。

農業施設に囲まれた金足農。
牛や豚なども飼育。

広々とした野球部のグラウンド。
ここから奇跡がスタートした。

5章

吉田輝星が目指す先！

吉田輝星のフィールディングとバッティング、〝二刀流〟や野手転向の可能性はあるのか？

第１００回甲子園大会において、伸びのあるストレートを主武器に、切れ味鋭い変化球を交えながら、クレバーな投球を繰り広げた、金足農の大エース吉田輝星。

現時点における投手としての完成度の高さは、高校野球関係者、プロ野球球団のスカウトを含め、誰もが認めるところだが、そのフィールディングについても、「非常に上手」という折り紙付きの評価が与えられている。

中日ドラゴンズでプレーしていた１９８２年にセ・リーグＭＶＰにも輝いた名捕手で、現在は岩手県の専大北上高校野球部監督を務める中尾孝義氏は、２０１８年６月の東北大会初戦で対戦、３安打完封に抑えられた吉田に対して、「まるで桑田真澄みたいだ」という感想を漏らしている。

高校時代は、母校ＰＬ学園を夏の甲子園で２度全国制覇に導き、巨人入団後もエースとして通算１７３勝をマークした桑田は、１７４センチとプロの投手としては小柄で、球速も１４０キロ台に止まっていたが、抜群のコントロールと球のキレ、そして通算１３８完投という豊富なスタミナを武器に、「投手が憧れる投手」として、評論家となった現在も、各方面に大きな影響力を与える存在となっている。

その投手桑田の、もうひとつの大きな武器が、ゴールデングラブ賞を8度受賞した、圧倒的な守備力を誇るフィールディング。余談だが、桑田は引退後、「いちばん自信があったのは守備、その次がバッティング、ピッチングが一番の苦手でした」という、ある意味、「らしい」コメントを残している。

専大北上の中尾監督が、吉田を「桑田みたい」と評したのは、素晴らしい制球力を示したピッチングだけなく、フィールディング、けん制を含めた、投手としての総合力の高さを指しての言葉だった。加えて、桑田が「2番目に得意」としていたバッティングに関しても、中尾監督は吉田に対して高い評価を与えている。

投手としての印象が、あまりにも強烈だった、甲子園大会における吉田ではあったが、3番打者として打線の中軸に座り、通算打率3割5分をマークしたバッティングにも、非凡なところを示していた。なかでも、3打数3安打、第二打席では中堅方向へのホームランを放った3回戦の横浜戦における吉田のバッティングは、シュアでありながらパワフルという、打者吉田の真骨頂が存分に発揮された試合だったと思う。プロのスカウトにも吉田のバッティングは魅力的に映っているようで、「投手としてはもちろんだが、打者としても大きな可能性を秘める」という評価も出ていた。

投手としてだけでなく、バッティングセンスも素晴らしいとなれば、気になるのは、吉田の

〝二刀流〟としての将来性。花巻東高校卒業後、ドラフト1位指名で日本ハムに入団、現在はポスティングシステムによって移籍したＭＬＢエンゼルズで活躍中の大谷翔平の登場以来、投手と打者の〝二刀流〟というのは、野球漫画の世界の話ではなく、それなりの現実感を持つものへと変化している。

甲子園大会決勝戦で吉田と対戦した大阪桐蔭高校の根尾昂は内野守備の要であるショートストップと、１５０キロの力感溢れるストレートを投げ込む先発、リリーフ投手の双方をこなしながら、超強力打線の主軸を担い続けた。

甲子園大会が終了した直後は、「プロ入り後は、遊撃手一本でやりたい」という意向を示していたが、日本代表として吉田とともに参加したU－18アジア野球選手権終了後には、「投手、野手のどちらでやるのか、これからいろいろと考えながらやっていきたい」と、二刀流続行にも含みをもたせたコメントへと変わってきている。例えば、大谷のときの日本ハムのように、二刀流としての長期的な視野に立った育成方針を提示する球団があれば、根尾のチャレンジが見られるかもしれない。

一方、現時点では、吉田がプロ入りしたとしても、打者との二足のわらじを履く可能性は、ほぼ皆無なのではなかろうか。もちろん、指名打者制のない試合であれば、喜んで打席には立つであろうが、あくまでも投手一本、チームのみならず、日本プロ野球界を代表する先発ピッチャーへの道を、堂々と歩んでいくと思う。

いくぞ！友よ

大阪桐蔭との決勝戦。
侍ポーズを決めてナインを奮い立たせ決戦に挑んだ。

ただし、プロ入り後、投手生命に関わるような肩やヒジの故障を発症したり、投手としての才能に見切りをつけた場合などに、投手から野手へ転向する可能性は、皆無ではないだろう。現役では、日本ハムに投手として入団し、2年間でファーム8勝をマークした後、外野手に転向してスーパースターとなった糸井嘉男（現阪神）、引退した選手では、大洋（現横浜）入団1年目で勝ち星をあげたものの、投手としての能力に限界を感じ、自ら野手転向を申し出て、最終的には2432安打を放った石井琢朗（現ヤクルトコーチ）といった大成功例もあるが、基本的には、かなりの〝茨の道〟であることも事実だ。

やはり吉田輝星は、マウンド上で、もっとも輝きを放つ、生まれながらのスター投手。かつての桑田真澄のように、「バッティングも非凡な大エース」と呼ばれて欲しいところだ。

U-18侍ジャパン代表で交流を深めた、吉田輝星と大阪桐蔭のライバルたちが目指すもの

2018年9月3日～10日まで、宮崎県で開催された、U-18アジア野球選手権大会。高校生世代のアジアナンバー1を決するとともに、2019年韓国で開催されるU-18野球ワールドカップへの出場権もかかった大会となった。

第100回甲子園大会準優勝の金足農から、唯一U-18野球日本代表に選ばれた吉田輝星は、

1次リーグの天王山となる、5日のU－18韓国代表戦に先発。6回95球を投げ、被安打2という好投を示しながら、初回に四球と失策で許した走者を、4番打者キム・デハンの本塁打で返され3失点。打たれたのは、やや外寄りに入ったスライダーだったが、上手く引っかけられ、後はパワーで左翼スタンドまで運ばれた。打線も韓国投手陣に5安打1得点に抑えられ、吉田は無念の黒星を喫することになる。ちなみに、吉田から3ラン本塁打を放ったキム・デハンは、来年から韓国プロ野球斗山ベアーズ入りが決まっている、将来のスター候補。打っては4番、投手としては最速154キロを記録するストレートを投げ込む、「韓国版大谷翔平」として注目を集めている選手だ。

さらに、勝てば決勝戦進出が有力となる2次リーグの台湾戦でも、リリーフした4回裏に勝ち越しタイムリーを許し、やはり負け投手となってしまうなど、吉田にとってのU－18アジア野球選手権は、苦汁を飲まされる大会となった。あるいは、台湾戦終了後に残した、「同点に追いついた直後だけに、なんとかゼロに抑えたかったが、直球も変化球もまったくダメでした」という吉田のコメントは、この大会で感じた、自身のピッチングに対するもどかしさを端的に表現した言葉だったのかもしれない。

異常なまでの高温のもとで行われた予選、甲子園本大会での蓄積疲労、金属から木製バットへと変わったことへの打撃陣の戸惑い、対戦相手への研究不足といった要因から、吉田だけでなく、チーム全体が、やや精彩を欠いたU－18野球日本代表だったが、最終戦のU－18中国代表をコールド勝ちで降して3位となり、来年のU－18野球ワールドカップへの出場権は、なんとか確保した。

ピッチングでは悔しい思いを味わった吉田だが、U－18野球日本代表に参加したことで、改めて得るものも大きかったようだ。特に、甲子園の決勝戦で相まみえた、根尾昂、藤原恭大《ふじわらきょうた》といった、大阪桐蔭高校の主力選手たちとの交流は、今後の吉田にとっての財産となるかもしれない。

代表チームが招集された初日、甲子園の決勝戦以来の再会となった、吉田と根尾、藤原の間には、最初こそ、ややギコチなさが見られたものの、練習終わりの囲み会見では、根尾と藤原が吉田のことを「ヨッシー」と呼んでいることを楽しそうに明かすなど、早くも打ち解けた雰囲気となっていた。

公立高校の野球部で、地元の仲間たちとのプレーしか経験がなかった吉田にとって、全国各地からエリートが集い、チーム内での激烈な競争を勝ち抜いてきた、藤原や根尾の野球に対する考え方は、大きな刺激となったようだ。

中学校時代から、硬式リトルリーグの超強豪チーム、オール枚方ボーイズの中心選手だった藤原は、〝ビッグマウス〟とも言われる、有言実行のプレーヤー。現在は「プロに入って3冠王を獲り、やがてはメジャーに行く」という未来図を堂々と公言している。中心選手としてのチーム内での立ち位置をしっかりと心得ていると同時に、チームメイトに対する心遣いもきめ細やかで、生まれながらのリーダー的な資質を保持している。藤原の野球選手としての意識の高さや積極的な姿勢に関しては、吉田も「是非見習うべきもの」と捉えているようだ。

生まれ故郷の岐阜県から大阪桐蔭に進学した根尾は、医学部合格も十分可能と言われるほど成績優秀な高校生。

栄養学やサプリメントに対する知識も豊富で、吉田もコンディショニングに関して、根尾を質問攻めにしているという報道が出た。また、根尾の野球一筋の真摯さにも、吉田は驚きながらも、強く共感しているらしい。

U－18アジア野球選手権が終了した翌日となる9月11日、宮崎では日本代表の解団式が行われた。そこで吉田は「レベルの高いところでやって、自分の足りないところがわかった。今後は、ここにいる17人がライバル。刺激し合って成長したい」と挨拶している。

２０１７年に日本代表としてU－18野球ワールドカップを戦った早稲田実業の清宮幸太郎は、チームメイトたちに刺激され、早稲田大学進学ではなく、プロ入りの道を選択したとも言われている。

来春、ライバルとして藤原や根尾と同じ舞台に立つとしたら、吉田輝星もプロ入りということになるが、今後彼は、どんな選択を決断するのだろうか。

吉田輝星に最も大きな影響を与えたとされる八戸学院大学はどんなところ?

「プロ入りか、八戸学院大学進学か」の二者択一とも言われた金足農・吉田輝星の進路。八戸学院大進学の根拠は、同大学野球部監督である正村公弘氏と吉田との密接な関係ということではあるが、八戸学院大学とは、どういう大学かを、紹介しておきたい。

まず、高校野球ファンにとって、「オッ、そういうことか」と納得できるかもしれない情報が、系列の付属校に、八戸学院光星高校があるということ。これまでに、春9回、夏9回という全国大会出場経験を持つ八戸学院光星は、夏に準優勝2回、春にも準優勝1回という実績を誇る、現代を代表する強豪校のひとつだ。

青森県勢としては、あの「元祖・甲子園アイドル」であり、金足農と大阪桐蔭の決勝戦における始球式を務めた太田幸司を擁した三沢高校以来の決勝戦進出となり、日大三と対戦した2011年夏、ともに大阪桐蔭と覇権を競った、2012春、夏と3季連続の準優勝は、甲子園大会初となる、歴史的な出来事となった。

OBに坂本勇人(巨人)を筆頭に、田村竜弘(ロッテ)、北條史也(阪神)といった、現役のトッププレーヤーを輩出し、プロ野球選手養成野球部としても、高い評価を得ている。

八戸学院光星高校専攻科（自動車科、介護福祉科）とはキャンパスを共有している八戸学院大学の所在地は、青森県八戸市。

八戸市は、青森県東部の太平洋に面する、人口約22万人5000人の中核都市で、青森市、弘前市と並ぶ、「青森県主要3市」にも数えられている。八戸市の名物となっているのが、肉や野菜が入っただし汁のなかに、南部せんべいが入っている「八戸せんべい汁」。2012年の「第7回B－1グランプリ」では、この八戸せんべい汁が、見事にグランプリを射止めている。

現在、八戸学院大学に設置されている学部学科は、「健康医療学部人間健康学科」、「健康医療学部看護学科」、そして、2018年4月に〝ビジネス学部ビジネス科〟を改組する形で新設された「地域経営学部地域経営学科」の2学部3学科。

新設された、「地域経営学部地域経営学科」には、「農業概論」、「農業経済学」、「農業経営学」という選択科目も用意されているだけに、金足農出身の吉田には、向いた学部、学科といえるかもしれない。

一方、「健康医療学部人間健康学科」の選択科目にも、「栄養指導論」、「運動と栄養」、「スポーツバイオメカニズム」、「トレーニング総論」、「スポーツ心理学」という、まさに吉田にはピッタリとフィットするカリキュラムが存在するのだ。

とはいえ、もしも吉田が八戸学院大学に進学した場合、その大半の時間を過ごすのは、硬式野球部のグラウンド、室内練習場、そして合宿所ということになるだろう。

硬式野球部専用のグラウンドは、観客席こそ設置されていないが、両翼100メートル、中堅120メートルという、プロ野球で使用する球場を上回るような広さを誇っている。内野は土、外野は天然芝。グラウンド整備も行き届いていて、練習するには、これ以上ないような環境が整っている。

室内練習場も立派。北東北地方としては、比較的積雪量が少ない八戸ではあるが、冬場においては、室内練習場の存在は選手にとって、頼もしいところ。また、全体練習終了後に、この室内練習場を使用して、個人練習に励む選手も多い。

全部で120の部屋がある合宿所は、全野球部員が寮生活を送る場所。栄養管理もバッチリで、野球漬けの日々を、しっかりとサポートしてくれている。

八戸学院大硬式野球部が所属しているのが、北東北大学野球連盟。現在、北東北野球連盟には、16の大学が加盟しているが、八戸学院大学は、青森大、富士大、ノースアジア大、青森中央学院大、国立の岩手大とともに、最高峰の一部リーグで戦っている。

リーグ戦は、東京6大学リーグのような勝ち点制ではなく、各チーム2回戦ずつの総当たり制で、勝率によって順位が決定する。リーグ戦の開催は、春季、秋季の2回。春季の一部リーグ優勝校は、全日本大学選手権の、秋季リーグ優勝チームには、東北3連盟で争われる、明治神宮野球大会東北地区代表決定戦への出場権が与えられる。

１９９１年のリーグ戦開始以来、最多となる23回の優勝回数を誇っているのが、青森大学、2番目が16回の富士大学。青森大学のＯＢには、西武、ソフトバンクでともに日本シリーズ制覇の経験を持つ、名捕手・細川亨（現楽天）、富士大学ＯＢには、山川穂高、外崎修汰、多和田真三郎という、いずれも現在の西武の主力を担う選手たちがいる。

八戸学院大学の優勝回数は、3位となる14回。全国大会ということでは、２００４、10年の全国大学野球選手権、07年明治神宮野球大会で、いずれもベスト4入りを果たしたのが、最高成績となる。また、「シーズン２１６安打」の日本プロ野球記録を持つ秋山翔吾（西武）、楽天のローテーション左腕、塩見貴洋といった、現役のスタープレーヤーたちは、いずれも八戸学院大学硬式野球部から巣立っていったＯＢたちだ。

八戸学院大学野球部・正村公弘監督と吉田輝星の関係を追っていくと意外にも

第１００回甲子園大会において、高校野球ファンのみならず、日頃は野球にあまり関心のない層までも巻き込んでの大フィーバーを起こした、金足農のエース吉田輝星。当然、２０１８年プロ野球ドラフト会議では、目玉中の目玉になるかと思われたが、甲子園大会期間中から、こんな話が囁かれていた。「吉田はもう、八戸学院大学進学が内定しているはず。八戸学院大野球部の正村公弘監督に、吉田は大きな信頼を寄せているからね」。

吉田が大きな信頼を寄せる人物と言われている正村監督は、1963年生まれ。千葉県の東海大浦安高校から東海大学に進学、その後は社会人NTT東京に所属し、34歳まで現役でプレーする。ポジションは投手。2003年4月から、八戸学院大学野球部のコーチに就任し、同年秋から始まった、八戸学院大の北東北大学野球リーグ5季連続優勝に貢献した。

2010年12月には、コーチから監督に昇格。2012年春、2013年秋には、北東北大学野球リーグ制覇を達成している。北東北大学野球リーグでは、西武ライオンズの主力となっている山川穂高内野手、外崎修汰外野手、多和田真三郎投手も在籍していた富士大学が9連覇中。正村監督率いる八戸学院大学は、「ストップザ富士大」を大きな目標に掲げ、2018年秋季リーグ戦を戦っている最中だ。

正村監督が、八戸学院大学コーチ時代に育て上げたともいえる現役プロ野球選手が、楽天の塩見貴洋投手。1、2年時は故障や怪我に泣かされた塩見だったが、三年生のときに頭角を顕し、四年生で大きく開花、春のリーグ戦では、防御率0.00という快挙を達成、「みちのくのドクターK」の異名を与えられる。全日本大学野球選手権でも、チームを過去最高成績に並ぶベスト4へ進出させる立役者となり、2010年秋のドラフトで、地元楽天からの1位指名を受けた。プロ生活では、故障がちで実力を十分には発揮できていない面もあるが、通算39勝（2018年9月12日現在）をマークし、ローテーションの一角を担う、貴重なサウスポーの先発投手として活躍を示している。

塩見と八戸学院大学の同級生となるのが、西武の秋山翔吾外野手。大学時代は、塩見のようにスポットライトを浴びる存在ではなかったが、ドラフト3巡目指名で入団した西武では、その抜群の守備力が買われ、新人時代から一軍で100試合以上起用され、順調なスタートを切る。大ブレイクを果たしたのは、5年目となる2015年。「シーズン216安打」の日本記録を達成し、「最多安打」のタイトルを獲得したのだ。打率も3割5分9厘というハイアベレージを残したが、それを上回る柳田悠岐（ソフトバンク）がいたため2位で終わった。しかし2017年には、3割2分2厘で、念願の首位打者に輝いている。

同級生である塩見と秋山について、正村監督は、こんなコメントをスポーツ紙に残している。「昔から仲は良かった。ウチのOB会で顔を合わせたときもよく話しています。壇上での挨拶となれば、お互いを褒めたたえている。大学時代は、まず塩見がいて、秋山がいる感じでしたけどね」。もちろん、八戸学院大野球部の現役選手にも、この二人のOBの存在や親しい関係は、大きな励みとなっているのは間違いないところだ。

選手時代にピッチャーだったこともあり、正村監督は、自らが確立した、ピッチング理論を、選手に伝えることを得意としている。

金足農吉田も、正村監督の指導を受けたひとり。高校二年生の秋、蓄積した疲労などで投球フォームを崩していた吉田は、金足農野球部元監督・嶋崎久美氏の紹介を受けて、正村監督に指導を仰いだそうだ。

正村監督は、青森から秋田まで、車で片道4時間の道程を何度も通い、吉田へのコーチングを行ってきた。この正村監督の熱意の大きさは、吉田の投手としての器の大きさを、すぐに感じ取ったからだろう。

正村監督の指導により、吉田は下半身が主導し、腕が縦振りとなる、現在の投球フォームを習得。ストレートの伸び、スライダーのキレが増すとともに、試合終盤になってのギアチェンジが可能となる、甲子園で見せた、吉田のピッチングスタイルへとつながったわけだ。

当然、吉田自身も、そして金足農野球部の中泉一豊現監督も、正村監督への恩義は強く感じているだろうし、八戸学院大学に進学して、恩を返したいというのも、自然な感情だと思う。

また、金足農としても、八戸学院大学と良好な関係を築くことは、今後の生徒たちの進路に関して、有力なルートを拓くことになるはずだ。

正村監督にとっても、打倒富士大、ひいては、全国大会である全日本大学野球選手権、明治神宮野球大会制覇のためにも、大エースとなり得る吉田は、是非とも欲しい人材であることは確かだ。

もちろん、プロか進学かの最終的決断は、吉田が下すこととなるが、グラウンド、室内練習場、合宿所と、いずれも素晴らしい設備が整った八戸学院大学野球部で、さらに4年間正村監督の指導を受けるというのも、投手として、より大きくなるための有効な手段なのではないだろうか。

運命のドラフト会議、吉田輝星の旅立ちに思う

進学か、プロ志望か？　2018年9月11日、U－18野球日本代表解団式が行われた時点で、金足農のエース吉田輝星が、自らの進路に対して言及することはなかった。おそらく、最終的な意思表明は、9月30日から4日間の日程で行われる、福井国体が終わってからとなりそうだ。

この福井国体には、金足農、甲子園大会優勝の大阪桐蔭のほか、ともに甲子園で金足農と対戦した、日大三、近江など16校が参加。金足農は、初戦（組合せ上は2回戦）で、静岡の常葉大菊川と対戦することが決定している。そして、お互いが順調に勝ち進めば、決勝戦で金足農と大阪桐蔭の再戦が見られるわけだ。

国体終了後、吉田がプロ志望届を提出すれば、10月25日に開催される、ドラフト会議の指名対象選手となる。当然、若くて、才能豊かな投手が欲しいというのは、12球団に共通する願望ではあるが、実際のところ、どのくらいの球団が、吉田を1位指名するのだろうか。ちなみに、中日監督、GMを務め、現在はフリーの立場にある落合博満は、「自分がそういう立場にあったとしたら」と前置きした上で、「投手が足りないようなら、吉田をドラ1で行きますね」と

語っている。

現時点で、吉田にラブコールを送っているのが、9月から楽天GM（ゼネラルマネージャー）に就任した石井一久。スカウト会議に出席した後に開かれた、GM就任記者会見では、吉田に関して、「12球団で12人しか選ばれない1位候補のひとりという評価。本当に素晴らしい選手。是非東北でプレーしていただければと思っています。まあ、これぱっかりはご縁なので。秋田から直通で東京に行っちゃうかもしれないけど、なんとか仙台で降りてくれたらなと願っています」というコメントを発している。

地元東北が生んだ甲子園の大スターという地域性、若手先発投手は多いものの、完全には独り立ちできていないピッチャーが多いというチーム事情、また、吉田自身が憧れの投手として、自チームの則本昂大の名前をあげていることからも、楽天が吉田を1位指名する可能性は、極めて高いと思われる。楽天の立花陽三球団社長も、複数の球団が吉田1位指名で重複した場合、抽選3連敗中の自分に代わり、石井GMの「黄金の左腕」に、すべてを託すことを、早くも宣言していた。

楽天の強力なライバルとなりそうなのが、日本ハム。ドラフト会議の1位指名に関しての日本ハム球団のポリシーが、「その年いちばんの選手を指名する」ということ。数多くの球団が競合しようが、自チーム内の同じポジションに有力な選手がいようが、あるいは、その選手が「○×球団以外は行かない」と宣言していようが、まったく〝空気を読まずに〟1位指名を敢行するのが、日本ハムなのだ。

この日本ハムのポリシーが功を奏したのが、結果的には単独指名となった、2004年ダルビッシュ有（東北高）、4球団競合の抽選を勝ち抜いた、2007年中田翔（大阪桐蔭）、同じく4球団競合の抽選で当たりクジを引いた、2010年斎藤佑樹（早稲田大）、大リーグ志向の強かった大谷翔平（花巻東）を敢然と1位指名し、翻意させた2012年、三度4球団競合の抽選に勝利した、2014年有原航平（早稲田大）、そして記憶にも新しい、7球団重複の抽選をものにした2017年清宮幸太郎（早稲田実）といった、ドラフト超目玉選手たちの獲得。一方、「巨人以外ならアメリカ留学」と宣言していた菅野智之（東海大）の交渉権を獲得しながら、入団拒否されるという、痛い目にも遭っている。

日本ハムの「その年いちばんの選手」には、実力に加え、人気面の要素も入ってくるだけに、甲子園大会で大フィーバーを巻き起こした吉田が誇る抜群の知名度も、大きな魅力になっていると思う。多少未熟だったとしても、どんどん試合に使っていく傾向が強い日本ハムであれば、入団1年目から、一軍の試合で吉田のピッチングが見られそうだ。

もう一球団、高校卒業の本格派右腕を1位指名してくるケースが目立つ、ソフトバンクも、吉田1位の可能性が消し切れない。ただし、選手層の厚さを誇るソフトバンクは、「高卒選手は3、4年かけて、じっくり育てる」という基本方針を掲げているだけに、ヤフオクドームのマウンドで吉田の姿を見るのは、だいぶ先のことになるかもしれない。

吉田が好きな球団として名前をあげた巨人をはじめ、そのほかの球団からも、吉田1位指名に踏み切るところが出てくるかもしれない。ただし今秋のドラフト会議には、大阪桐蔭勢の根尾昂、藤原恭大、柿木蓮、報徳学園の小園海斗といった甲子園組以外にも、東洋大のエース甲斐野央、立命館大の外野手・辰巳涼介など、1位指名候補は数多い。当然、「リスクは避けて、単独指名を目指す」という球団も多そうだ。結論としては、吉田輝星を1位指名するのは、2～3球団。例年通り、「超目玉選手はパ・リーグへ」ということになる可能性も高い。

メジャーリーグの駐日スカウトが見る吉田輝星の可能性、さあ、どんな評価を受けたのか?

メジャーリーグも吉田輝星に注目している。U－18アジア野球選手権が行われたサンマリン・スタジアム宮崎には多くの駐日スカウトたちが詰めかけ、熱心にメモを取っていた。

西海岸の球団の駐日スカウトA氏は輝星くんを次のように評価する。

「秋田県大会を含めると1517球も投げているので、その疲れで宮崎では腕が横から出ていました。でも評価は下がっていません。素晴らしいピッチャーです。ストレートの速さ、質、スピン量、指先の感覚の良さ、投球フォームのバランスの良さ、球持ちの良さ、腕の振りの柔らかさ、これらはすべて二重マルで、いいピッチャーになる資質を兼ね備えています。投げる

出し切った力！

大阪桐蔭戦、9回表終了間際、肩を組んで応援する先発の吉田輝星投手（右）ら金足農ナイン。

だけでなく、フィールディングや牽制技術もハイレベルで、センスの塊のようなピッチャーです。しいて挙げればネックになりそうなのは身長です。ちょっと足らないかな」

輝星くんの身長は176センチ。メジャーリーグの投手の平均は188センチなので、12センチ低い。

メジャーリーグのスカウトたちには、高身長と長い手足に対する信仰のようなものがある。アスレチックスの名物GMビリー・ビーンを主人公にした痛快ノンフィクション『マネーボール』には、古臭い常識にとらわれないビーンGMが、長身で手足の長い者ばかり取りたがるスカウトたちと激しく対立するシーンが出てくるが、あの火の出るような対立は、スカウトたちの固定観念がいかに強いかを示すものだ。

しかし、東海岸の球団のスカウトB氏は、あまり悲観的になることはないと語る。

「いまだに高身長にこだわる球団がいくつかあるけど、こだわらないところが多くなっています。身長5フィート10インチ（178センチ）以下の投手がエース格、準エース格にのし上がって活躍するケースが増えていますから。ブルージェイズのマーカス・ストローマン、マリナーズのマイク・リーク、3年前までアスレチックスのエースで現在はヤンキースで投げているソニー・グレイなどが、その代表格です」

毎年、高校大学の卒業式が終わって2週間くらいたつとMLBのドラフトが行われる。対象となるのは米国、カナダ、プエルトリコの高校、短大、大学に在籍する選手たちで、各球団40

巡目まで指名を行う。これに補完指名されるものが若干加わるので、指名される者は1250人前後になる。

輝星くんがドラフト可能な選手だと仮定した場合、彼は何巡目くらいで指名されるのだろう？

前出の駐日スカウトA氏は、こう見る。

「身長がちょっとネックになるので3巡目以内というのは考えにくいけど、15巡目、20巡目まで下がるとは思えない。5巡目から10巡目の間くらいじゃないでしょうか」

MLBのドラフトは近年、選手の年俸高騰に合わせて契約金が上昇して1巡目の1位指名は日本円で9億円前後、1巡目の10位でも5億円前後が相場になっている。しかし5～10巡目指名なるとグンと安くなりMLBが公表している契約金の推奨額リストを見ると5巡目は4千万円前後、10巡目は1400万円前後となっている。

日本人選手とMLB球団との契約はドラフト外となり自由競争になるため、実際はこの金額より多少高くなるが、それでも日本のプロ野球球団と契約した場合に比べると、契約金の額はずっと低くなる。

輝星くんがMLB球団と契約した場合、その後の展開はどうなるのだろう。

大リーグ機構は、メジャーリーグ、マイナーリーグ3A級、2A級、1A＋級、1A－級、1Aショートシーズン級、ルーキー級の7軍制である。高校を出たばかりのルーキーは一番下のルーキー級に送られる。輝星くんは、ここから始めてメジャーリーグに到達するまで、どれくらいかかるのだろう？

前述の駐日スカウトA氏は5、6年と予想するが、上がれないまま終わる可能性も多少あると語る。

「マイナーリーグは日本の2軍とまったく違う世界なんです。ずっと厳しい環境なんで生き抜くことは容易じゃない」

日本の球団の2軍はコーチがたくさんいてトコトン面倒を見てくれるが、マイナーリーグはどのレベルも投手コーチは一人しかいない。基本的に放任主義で選手が聞きにいかない限りアドバイスしてくれない。住環境もよくない。シーズン中は6〜7人でカネを出し合って2部屋付きの安いアパートを借り寝場所を確保することになるが、十分な睡眠は得られない。

このように、輝星くんがＭＬＢを選択したと仮定してその後の展開をシミュレーションすると、マイナス要因ばかりが目につく。

金銭面でもマイナーリーグは4月から8月まで日本円で15万円から30万円くらいの月給が出るだけだ。それ以外の月は1ドルも出ない。また、メジャーに上がれたとしても金銭的にすぐに恵まれるわけではない。3年目までは最低年俸でプレーしなくてはいけないので26歳か27歳まではいくら成績がよくても年俸は6千万円だ。

一方、日本のプロ野球を選択すれば、コーチやトレーナーがたくさんいて面倒を見てくれるし、一軍までの距離もはるかに短い。ＭＬＢのように3年目までの年俸制限もないので、一軍で活躍すれば年俸は1億、2億と跳ね上がっていく。金銭面でＭＬＢの方が有利になるのは26か27歳くらいからで、それまでは日本の方がいいのだ。

そう考えると彼にとって最良の選択は、日本でたっぷり実力をつけエース級に成長し、それからメガ・コントラクト（契約規模１１０億円以上の長期契約）でメジャーに行く、という道筋ではないだろうか。

〝気宇壮大《きうそうだい》〟こそ吉田輝星の持ち味「自分を伸ばしていく道はこれだ」と信じて――

吉田輝星の活躍で、ドラフト会議を控えたプロ野球界も指名順位の変更を余儀なくされた。しかも、渦中の吉田は帰郷後の会見で「好きなプロ野球チームは?」の問いに、迷わず、「巨人です」と答えた。「行きたいですか?」の記者団の問いにも「ハイ!」と即答している。すでに八戸学院大への進学を決めているとの情報も交錯しているが、国際大会を戦うためＵ－18大会に招集されて心変わりする選手も少なくない。昨年の清宮幸太郎も両親は進学を勧めていたが、Ｕ－18大会を機にプロ入りの決心を固めている。

プロ側は吉田の正式な意思表明を待っている状況だが（9月10日時点）、プロ入りの決意を固めたとなれば、複数球団による1位入札は間違いない。また、ラブコールを受けた巨人がほかの社会人、大学生の即戦力投手に逃げた場合、日本中を敵に回してしまうだろう。

「巨人は早い時期から吉田の才能に気付いていたようです。他球団よりもスカウトの人数が多いので、視察にも時間と人を割くことができました」

在京球団のスカウトがそう言う。

甲子園大会が終わった8月30日、巨人はスカウト会議を招集している。同会議では吉田はもちろんだが、大阪桐蔭の根尾昂、同校の4番・藤原恭大外野手、横浜・万波中正内野手の名前も出たそうだ。岡崎郁スカウト部長は大会前から「吉田君が見たい」と連呼していた。やはり、早い時期にブレイクの予感は持っていたようだが、進路に関しては〝本人次第〟とのことだった。

そもそも、U－18大会で進路を決めるケースが多いのは、招集される球児の多くが強いプロ野球志望を持っているからだという。たとえば、決勝戦で雌雄を決し、チームメイトとなった根尾は、大学に進む場合は医学部を目指すという秀才でもある。だが、プロ野球選手への憧れが強く、そのために強豪校の大阪桐蔭を選んだ。そういった選手たちが夕食後のお喋りで、10代でどんな練習をし、将来に備えてきたかを語り合う。プロ入りか進学かで迷っている選手は焦ってしまう。だから、プロ入りを決断するのである。

もっとも、斎藤佑樹のように人は人、自分は自分と迷わず、進学する選手もいたが、大半の球児は「負けたくない」の一心でプロを目指す。どの球団もスター性を秘めた吉田がほしいと思うのは当然だが、くじ運のほかにチーム事情というものがある。投手力に余裕のあるチームは、戦力を重複させるよりもピンポイントで弱点を補強してくる。ベテラン選手の後継者を探さなければならない球団もある。たとえば、阪神タイガースだ。長く優勝から遠ざかっている以上、吉田のようなスター候補も必要だが、主軸の福留は40歳をすぎており、糸井も来年は38歳になる。俊足強肩のスラッガー・藤原を狙っているとの情報も交錯しており、「今年はドラフト直前まで1位候補を絞り込まない」といった球団幹部の言葉もスポーツ新聞に掲載されていた。昨年は早々に清宮へラブコールを送ったため、スカウトが有力選手のもとを訪ねても「誠意」が伝わらなかったためだ。

いずれにせよ、こうした情報を聞く限り、今秋のドラフト会議は吉田の進路表明によって、どの球団も戦略が変わるのは間違いない。

「大学で成長するタイプもいれば、高校からプロに進んだほうが伸びるタイプもおり、どちらが良いとも言えない。プロ側としては今すぐにでもきてほしいと思うだけ」（前出・在京スカウト）

プロ志望届の期日は10月21日。同日は金足農の学園祭が開かれる。吉田はギリギリまで考えるだろう。どんな決断を下して、高校最後の学園祭を迎えるのか。学園祭を楽しむためにも「自分を伸ばしていく道はこれだ」と信じて後悔のない選択をしてもらいたいものだ。

特別インタビュー

「雑草魂」のすべてを話します

金足農業高校 元監督

嶋崎久美

通算34年にわたって金足農の監督を務めた嶋崎元監督。甲子園では１９８４年夏に４強、95年夏には８強と、金農野球を全国に知らしめたが、その信条は泥くさい勝ち方で、いまの金足農の野球のすべてに通じている。

「1点の重みを考える野球をめざした」

――１９７２年６月の監督就任以降、どのように金足農を強くしていったのでしょう。

「私の指導理念は『体力があって初めて気力が生まれる』なんです。普段の生活においても健康であれば楽しく遊べますけど、体調が悪くては遊んでいても楽しくない。仕事だって集中できない。その理念があって、苦しい練習があるんですね。徹底したスパルタ教育です。体で覚えてもらう。その中で掲げたのが『1点の重みを考える』。それが今回の甲子園でも見ることができた。その典型が、ずっと語り継がれるであろう、近江戦のサヨナラ2ランスクイズじゃないですかね。今は大阪桐蔭が日本一の野球学校、私のときはＰＬ学園。私もＰＬと戦ってね。今回のチームをまわりでは昭和の野球と言う人もいるけど、それが見直された。今は金属バットの出現によってガンガン打ってという野球が多い。その中で、泥臭く1点を取りにいく。バント、スクイズ、エンドランなど足を絡めた攻撃。私のときからそうやって勝ってきたわけです。それが日本だけじゃなく、アメリカでも話題になっている。

思えば監督に就任したのは6月だったから、ほとんど時間もない中、初めての夏に挑んだのに代表決定戦まで行けた。しかし、負けてね。次の年からは生徒はいないわということで、甲子園に出るまでに12年かかった。生徒は来ましたが、猛練習でやめてしまう。一年生が30人入っても卒業のときは半分以下。自分の方針として去る者追わずで、残った選手を徹底して鍛えた。金足農は練習が厳しいというのが知られるようになった。ヤクルトの石川（雅規）君は金足農の近くに住んでいたんですが、秋田商に入った。『金足農は練習が厳しいから行かなかった』と話していたそうです（笑）。練習は厳しいけど、それでも飛び込んでくる選手がおったから、甲子園に駒を進めることができた。

私は最近、甲子園を『甲子園農場』と言っているんです。そこに大輪の花を咲かせてもらいたいということで。トマトにしても、土を耕すことでいい作物ができる。『耕土』。私が生徒に行ってきたのは『耕心』。一人ひとり、いろいろな角度から見て、その子にあった指導方法を行う。ヤクルトで頑張っている石山（泰稚）も中学時代はサードだったんです。でも、肩、コントロールがいいので、ピッチャーを薦めた。それで毎日のようにバッティングピッチャーを頑張って成長した」

――1点の重みに強くこだわるようになるきっかけはあったのでしょうか。

「私が監督に就任して、県の決勝で何度か負けて、1点の重みを痛感した。最後は1点に泣くんです。その1点を取るために、何をするかと、ずっとやってきた。セーフティースクイズもフライにならなければ絶対に成功する方法を確立しました。バッターが空振りをしても三本間に挟まれることがない。転がしさえすればすべてセーフになる。セーフティースクイズはピッチャーが捕ったとしてもホームでアウトにされることがないところにボールが転がったら三塁ランナーはスタートを切りますが、私のやり方は違います。ランナーはピッチャーの投球動作と同時にスタートを切る。だからピッチャー前に転がってもセーフで点が入る。ただ、そのタイミングでのスタートだと、バッテリーに外されたら普通は挟殺プレーになってアウトです。しかし、そうならないやり方を作り上げた。たとえば右バッターのとき、バッテリーがウェストするときは一塁側の方に外しますよね。だから三塁コーチャーはキャッチャーの足だけを見る。ピッチャーが投げると同時にキャッチャーは右足が移動しますからね。外してきたらコーチャーが素早く教え、ランナーは反時計回りで帰塁する。なぜ反時計回りかというと、キャッチャーはボールを捕るために体を一塁側に動かしていますから、そこから三塁に送球しようとするとファールラインの右側、フェアゾーンを通る球になりやすい。するとランナーに当たる確率が上がって、それで点が入ることもある。左バッターのときは逆で、三塁側に外しますからキャッチャーはファールゾーンを通る送球になる。だからランナーは時計回りで戻る。甲子園の中継を見たり、ビデオを繰り返し見て、なぜ名門校でも三本間に挟まれるかを研究して、その方法にたどり着きました。スタートの練習、外されたときに戻る練習。これは徹底してやりましたね。ほかの監督さんはスクイズのサインを出すのは勇気がいると言いますが、私はスクイズには絶対の自信を持っていました。そうやって勝てない時代に1点を取る方法を考え抜きました。そのおかげで甲子園でもベスト4、ベスト8に入った。農業高校でも甲子園でも勝たせてもらえたのかなと思います。今回もそう。秋田大会からバント、スクイズなどで得点して、吉田というすごいピッチャーが育って、甲子園に行くことができました。そして、農業高校として初めて、決勝へ進んだ。その原点は、まず1点を取ろう。そのためにはバントの練習を、それこそ徹底してやったものです」

――具体的にはどんな練習をしてきたのでしょうか。

「今は時代が時代ですから、昔よりは厳しくなくなっていますが、ピッチャーに正対して、至近距離から投げてもらってのバント練習は現在もやっています。スピードは緩くなっていますけど、それでも結構、速いボールなので、ヘルメットだけは選手にかぶせてね。最初は体に当たってしまう子もいますよ。でも、当たりたくないから必死にやるでしょ。バントというのは目とバットの位置が近ければ成功しやすい。手だけ動かすと、目とバットが離れて、自分の体にボールが当たってしまう確率が高くなる。当たらないためには、低めなら膝を曲げる」

――そのバント練習は毎日ですか。

「毎日です。私のときは1人、50球くらいやっていましたが、今はそこまでじゃないかな。ただ、クリーンアップの選手もみんなやります。県大会でも吉田がスクイズで貴重な追加点を取ったりしていますよ。そういうところから始めて、1点を泥臭く取っていく野球でやってきた。とにかく生徒たちにいい思いをさせてやりたい。そのためには泥臭く、点を取っていくんだと。それと犠牲バントと言うでしょう。これは高校野球を終えて世の中に出ても、役に立つんです。今は自分さえよければという、そういう時代になりつつありますけど、相手の気持ちを敬うということが非常に大事になってくると思います」

――ほかにも練習で伝統的にやっているものはありますか。

「うちのグラウンドは両翼80メートルくらいで外野のフェンスもない校庭なんです。だからクッションボールの練習もできない。そんな環境ですが、端にプラタナスの木があって、そこに生徒を登らせて、ミートポイントの真上から落とした球を打つティーバッティングをやってきました。一般的な斜め横からトスされたティーバッティングだとボールの軌道、つまり線のどこかで打てますが、そのやり方だと点で打たなければいけないので、ボールをとらえる力を養える。そういう独特の練習を、今も続けていますね」

「我が金足農野球〝雑草軍団〟」

――甲子園出場までの道のりの中で転機になるような出来事はありましたか。

「81年の春の東北大会で、東北の雄、東北高校と戦いました。監督は甲子園に何度も出ている竹田利秋さん（現國學院大學総監督）。実は監督に就任してから、何度も竹田さんに練習試合を申し込んでいたんです。東北のチャンピンと練習試合がしたい。たとえ0対20で負けたとしてもね。同等あるいは格下のチームに20対0で勝っても勉強にならないんです。でも、断られ続けていた。なぜかというと、こちらには実績がないから」

――相手にしてもらえなかった。

「そうです。強豪私学はグラウンドも立派でしょうが、先ほども言ったようにうちは外野フェンスもないし、四角いグラウンド。だから、練習試合をするときは基本的に野球場を借りるのですがちゃんとしたところが抑えられず、しかたなくうちのグラウンドでやると、『こんなところでやっているんですね』と言われることもありました。そんな中、その東北大会の準決勝で東北高校とやって2対0で勝ったんです。それで初めて認めてもらって、次の年から練習試合を受けてもらえるようになった。ほかの東北の強豪ともやれるようになった。あの試合は大きかったね。『雑草軍団』という呼び名も、東北高校に勝ったときに、『うちのチームは雑草、東北高校は超エリート。雑草がエリートを倒せた』と話したのが記事になって広まっていった」

――甲子園が近づいていると感じられたのでは。

「ただ、夏の県決勝では秋田経大付属、今の明桜高校に1対2で負けて甲子園に行けなかった。さらに上で戦えるチーム作りを行いました。そのころには覚悟を持った、芯の強い子が入ってきてくれていましたから、厳しい練習にも耐えてくれた」

――紫色のユニフォームにも伝統が感じられますね。

「私が就任して3年目か4年目に変えました。当時から強かった天理や名古屋電機、今の愛工大名電。紫に強いイメージがあって今のユニフォームにした」

――今回の甲子園見学で選手たちが各ポジションで座って声出ししたのも注目されました。

「84年の選抜で初めてやったんです。試合前のシートノック中、あと1分とアナウンスされたら、全員座って、その目の高さでグラウンドを見てみろと指示していた。立って見える景色と、座って見える景色は全然、違う。低い姿勢からというのは、普段も、練習が始まる前に正座させて、自分の前に球を置かせて、その球を見つめる。そういうことをやっていて、それを甲子園でもやらせた。なんとか選手を落ち着かせたくてね。当時の高野連の事務局長にはこっぴどく叱られた。でも、怒られながらも、最後に『今日は勝利、おめでとう』と言ってもらえたことは今もよく覚えています」

――試合前は問題があるということですが、その後も甲子園練習のときには続けたんですよね。

「そうですね。毎回、座って、大きな声を出させて、それから立って練習を始める。大きく声を出す。やっぱり声を出すことは、社会に出てからの教育の一環にもなるし、野球においても大事です。たとえばピッチャーの後方に上がった、ピッチャー、セカンド、ショートの誰もが捕れるフライ。そのときに『ＯＫ』と大きな声を出す。あるいは『セカンド』と指示を出す。

こういうところをしっかりやっていくことが勝つための1つの要因になると思います。譲り合って落としてしまうなどのミスがなくなって、チーム力の向上につながる」

――今回の甲子園ではショートの斎藤璃玖が背走しながらフライを好捕した場面もありましたが、センターやレフトを気にせずに思い切り行けたのは、そうした声がけができていればこそでしょう。

「そうです、そうです」

――声に関しては厳しく指導するわけですか。

「大きい声で挨拶をするようにね。学校から最寄りの追分駅まで、知らない人でも会えば挨拶する。誰もいなければ、電柱に挨拶をして歩くように言いました。そういう指導までしました。野球では、瞬間的に指示を出すときがある。大きい声で、相手に聞こえる声で指示できるかどうか。これは非常に大事。そして、社会人になったとき、朝、上司に向かって『おはようございます』と言っても、聞こえなければ、あの子は挨拶ができないと言われてしまう。自分ではしたつもりでも、そういう評価になってしまう。相手に届く声。野球でも、その後の人生においても同じだと思うので、声を出すことに関しては厳しく指導してきましたね」

――農業高校であることに愛着と誇りを感じ、甲子園に出場したことのある農業高校の当時の監督、部長の集まりをされていたそうですね。

「やりました。北海道から九州まで。甲子園出場経験のある全国の農業高校、農業課程がある高校を調べてね。北海道は帯広農業、九州は都城農業、広島カープで213勝した北別府学が出たところね。新潟の新発田農業、広島の西城農業など、全部で17校あった。近畿では奈良の田原本農業。今は校名も変わっていると思いますけど」

――どなたが発起人だったのですか。

「私が甲子園に出ている高校を調べて、連絡できるところに連絡して。環境的には恵まれているとは言えない農業高校を活性化しようというのがきっかけ。それぞれ悩みもあるだろうし、アドバイスや力になれることもあるだろうと。どこも今は校名から『農業』を取るところが増えている。農業がついていると生徒がこないということで。そういうハンデを打破しようということで始めた。毎年、違う県で開催して10年くらい、各地を回ったかな。第1回は約30年前で、甲子園で開いた。球場のあの蔦のあるところで集合しようということでね。12、13校集まってくれた。年老いて体が動かせない監督や部長もいた。もう学校をやめられて連絡先がわからない方もいた。でも、都城農業が甲子園に出たときの監督は別の高校の校長になられていたんだけど、その日、九州の高校の校長会が沖縄であったのをキャンセルして甲子園に来てくれた。居酒屋で飲みながら、まず、よく連絡をくれたということから始まり、それぞれの考えや知恵を出し合った。監督を続けている方がほとんどいなかったけど、話したことを母校の監督に伝えたりはしたんだと思う。私は何回か甲子園に出られたけど、他県からも農業高校が出てもらいたいと思ってね。今回の金足農の出場は、農業高校としても11年ぶりだからね。その会合の第2回は秋田に集まってもらって、翌年は宮崎だったかな。北海道にも行った。毎年、違う県で開催し、そこの農業高校を見学してね。途中からは甲子園に出ていなくても、開催県の農業高校、農業課程がある高校も来てくれるようになったりね。いい選手がなかなかこないし、たいてい環境は一緒。それぞれの県をだいたい回ったので、10年くらいで開催しなくなったけど、力を合わせようとそういう会をやっていた。やっぱり農業高校に愛着を持っているのでね。今回の甲子園でも秋田や東北だけでなく全国の方がうちを応援してくださったけど、農業関係の方もたくさんいたと思う。普通の県立高校とも違うのかなと思います。甲子園に出場すると、ほかの農業高校からお祝いの電報をもらったりもしましたからね。今回も吹奏楽部の応援で兵庫県の有馬高校にお世話になりました。農業系の学科があるそうで、こちらから頼みました。うちの吹奏楽部は20人くらいで、大きな甲子園のアルプススタンドでは人数が足りませんから。おかげで応援を盛り上げることができました。ありがたいことです」

あの伝統儀式で「日本一の猛練習」といわれた「地獄の田沢湖合宿」とは

――伝説の田沢湖合宿について聞かせてください。

「84年春に甲子園に初めて出たんですけど、今は30数人と決まっているものの当時は甲子園練習で部員全員がグラウンドに入れた。だからベンチ外の一、二年生でも甲子園で野球ができた。内野は内野、外野は外野で。いい経験になるけど、ある補欠の子はいきなり砂を集めてポケットに入れ出した。外野の子は芝生をむしって、宿に帰ったら砂に芝を植えて水をかけている。根がないから生えるわけがないのにね。そういう素朴な子たちなの。甲子園の芝を育ててみたいという。純粋な気持ちからなの。だけどベスト4になって秋田に帰ってくると県民からすごい歓迎を受けました。秋田駅でも、県庁でも、すごい、と。その結果、新チームの一、二年生は自分たちが成し遂げたような勘違いをしてしまった。こちらがいくら笛を吹いても踊らない。これでは二度と甲子園に行けない。それで考えたのが、雪が一番深い田沢湖で合宿をすることだった」

――時期、内容を詳しく教えてください。

「学校が始まる前の1月4日か5日から1週間。秋田は冬休みが長いのでね。それで田沢湖では半日が山の中、半日が体育館で、徹底した体力トレーニング。朝はまだ真っ暗な6時から雪明りを頼りに除雪された道をランニング。1時間半近く走って、朝食を食べて、9時から12時、13時半から17時半か18時くらいまでの2部練習。山の中では、雪が積もったサッカー場や坂を長靴を履いて徹底して走る、サーキットトレーニングを行う。ジャンプやうさぎ跳び、仲間をおんぶして急斜面を歩いたり。体育館では腹筋とか、腕立て伏せとか、体を下につけてやるようなメニューを。その繰り返し。今日が午前は山で、午後が体育館なら、明日は午前が体育館で、午後が山と。消灯は20時。寝なければ体力がもたないですから。大広間に全員が寝る」

――ケガ人は出ないのですか。

「15分くらいのところに田沢湖病院があって、そこに連れていく。そこの院長とよくやり合いました。『なぜ、こんなに選手を連れてくるんですか』と。『いや、先生、勝ちたいから。甲子園に行きたいから』って。『選手が倒れる前にやめなさい』と言われたけど、それは医者の立場からの意見ですよねって。病院に連れていくときは過呼吸が多い。1人が倒れると連鎖反応で続けて倒れる。だから、3人も4人も運んでいかなければならない。後半になってくると体力が落ちて風邪を引いたり、熱が出たりする。今は学校の中でやりますが、雪が多ければ多いほど効果がある。積雪が多いほど、足も高く引き上げて走ることになるからね」

――雪が多い年の方が夏に強かったりもしますか。

「そこは比例していると思います」

――選手は1日でも早く終わってほしいでしょうね。

「でも、リタイアはしたくない。卒業した後、たとえば同期の結婚式など、集まった際に飲んだりする。そのときにリタイアした子はいつも下座。『お前、田沢湖、やり遂げられなかったから』って。一生、言われる。意地でも頑張る。メンタルも強くなる。『田沢湖』という3文字が、将来、夏の大会の究極の場面で生きてくるんです。その一番、いい例が98年の夏の県決勝。秋田商との17対16の試合です」

――冬の期間は積雪もあって野球の練習は思うようにできない。そうしたハンデは感じませんか。

「うちは11月中旬から1月いっぱいまで一切、ボール、バットを握らない。雪でグラウンドが使えませんから。そこで徹底した体力トレーニングをする。ここまでバット、ボールを握らない期間が長い高校は珍しいんじゃないかな。雪国の学校の監督たちは、それよりバットを振った方がいいんじゃないかと言うけど、そっちの方が順番を待つときだったり選手がなにもしない時間ができてしまう。春の大会に間に合わないのではという考えの人もいるけど、そんなことはなかった。センバツにも3回出たけど、私の信念は変わらなかった。体力がついて、厳しいノック、走塁練習を何本やっても倒れなくなる。普通はセンバツ出場当確なら年が明けたらバット、ボールを使った練習をやるでしょうけど」

――やはり冬を越えるとガラッと変わるものですか。

「全然、変わります。吉田も昨年の夏は負けて、秋も4点リードしている試合で終盤に逆転されて東北大会に行けなかった。彼はスタミナに不安があって連投がきかなかった。それが合宿を経て、スタミナが切れなくなった。

甲子園の出場回数は秋田商の方が多いですが、負け数が勝ち数を上回っている。甲子園での勝率で言えば、うちが県内で断トツです。今回で13勝9敗になった。冬場のトレーニングはその理由の1つだと思っています。あとは甲子園に行った時の宿での過ごし方。うちの選手は短パンを履かない。ジャージを着る。なぜそうさせるかというと、大阪は暑いから。それは短パンの方が気持ちいいですけど、試合は短パンでやれない。そういうところから、暑さ対策を少しでもやる。秋田で合宿をやるときも短パンは禁止にしています」

「日替わりヒーローが出て吉田の好投を助けた」

――そこまで選手に試練を課す一方で、ご自身もプライベートな時間をギリギリまで削ってこられた。そうまでして選手たちに手にしてほしいものとはなんでしょう。

「苦しい練習の先にある勝つ喜び。私が言いたいのはお金で買えない喜びを得ようということなんです。今はお金があればなんでも自由に買える時代ですよね。だけども、甲子園にはいくらお金を払っても出られない。あの素晴らしいグラウンドで試合はできない。そのために練習しようということで、徹底してやらせた次第です」

――PL学園と戦った34年前のチームは特に得難い経験をしたと言えそうですね。

「前年の83年の夏は県の決勝で負けて、猛練習をした。秋の東北大会決勝で大船渡高校と延長16回の死闘を演じながら3対4で負けたけど、翌春のセンバツで初めて甲子園に出させてもらった。忘れもしない3月26日、新津高校と対戦してシャットアウトで初勝利。次の岩倉高校に4対6で負けたけど、エースの水沢が打たれるままに負けた。本来ならセンターの斎藤がリリーフとして控えていて、県大会もその二人でやってきていた。しかし、斎藤が張り切りすぎて右ふくらはぎを痛めて投げられる状態になかった。そのとき学んだのは、けが人を出せば、自分で納得いく試合運びはできないということ。結局、岩倉高校が優勝。しかも得点した4点というのは、岩倉高校と対戦したほかのどのチームよりも多かった。そういう悔いが残って、それじゃあということで秋田に帰ってから、夏の優勝旗を本気で狙おうということでふたたび猛練習の日々。練習試合で3番手、4番手のピッチャーが投げると点数は取られる。だけど、攻撃陣が打って勝つ。ミスがあっても、勝ってしまうと怒れないところがあった。連戦連勝で臨んだ春の全県大会。決勝で秋田経法大付属とやった。シャットアウトで負けた。それをいいことに、また厳しい練習を課した。東北大会は秋田でやったんですが、県2位として出場して初めて東北で優勝した。日本だけでなくメジャーでも活躍した佐々木主浩がいた東北高校にも7回コールド勝ち。同大会で出た8本のホームランのうち7本がうちの選手。それだけ力もついていた。

夏の甲子園は初戦が広島商。優勝経験もある名門だけど春の東北大会の優勝があったので、相手が広商でもやれるという自信は持っていました。広島商に勝って勢いに乗って、そして準決勝。生徒たちは『日本一の野球学校のＰＬ、桑田、清原と戦いたい』と話していたけど、王者を相手になぜ、互角に戦えたかと言いますと、やっぱり春の経験が生きたと思います。岩倉に善戦し、しかもエースを代えられる状況なら結果は違ったかもしれない。そういう思いで帰ってきて、引き締めて、死に物狂いでやった。それが、ああいう試合ができた理由じゃないですかね。あの試合の中では1対0でリードしている4回の守備。ヒットとデッドボールで二死一、二塁になった。流れが相手に傾きかけていた。その状況だとファーストはベースをあけるのですが、サインプレーでファーストがベースに入って、けん制でアウトにした。そのプレーは当時はまだ珍しかったんですが、センバツが終わってから、そういう練習をしていたんです。1点の重みを考えたとき、取るだけでなく守りで取らせないことも大事ですから。でも、そのプレーをうちがPLにやられるなら話はわかりますが、天下のPLに田舎の雑草軍団のうちがやって流れを引き戻せた。それがああいう接戦に持ち込めた最大の要因だったと思っています。私自身もいい経験をさせてもらいましたね」

――最後にそのときのチームと吉田を中心とした今年のチームを比べるとどうなるでしょう。

「34年前のチームは打線に力がありました。ピッチャーもまずまず。今年のチームは吉田というピッチャーが超高校級。打つ方は1番の菅原、3番の吉田、4番の打川の3人が打って秋田大会を勝ってきた。5番以降はなかなか期待に応えられなかった。それが甲子園に行って、日替わりでヒーローが出てきて勝ち上がって行った。1本もホームランを打ったことがない髙橋が横浜戦で3ランを打ったりね。吉田が頑張っているから、なんとかしようという気持ちが強かったんじゃないですかね。結束力がありますよね。そこは34年前もそうでした。野球は一人のスーパースターがおっても勝てない。そういうことじゃないですか」

準優勝のあと学校に見学に来る人がかなり多く、土日は正門前に一人の警備員を立てるようになった。見学者の中には福岡から来る者、小さなマイクロバスでやってくるグループも。正門前の道は車が2台通れるくらいの幅だが、車両が連なって交通車両のさまたげになってしまうほどだったそう。訪れた日は甲子園決勝から20日ほど経っていたにもかかわらず、学校の写真を撮りに来た人、学校の前だけスピードを落として覗いていく車などもあり、ブームは途絶えてはいない様子だった。

感謝をこめて

普段どこにもいそうな高校生たちが、一躍日本中から注目されることになった平成最後の第１００回夏甲子園大会。スーパーヒーローとなった吉田輝星投手の持つ天賦の突破力を通して、進撃の源となった彼らの日々をもっと見てみたい、そんな思いからスタートした企画だった。吉田輝星投手とナイン、それに金足農をめぐるさまざまな人間模様とエピソードを紹介したが、そこに見えたのは、素朴でハツラツとした青春、故郷、そして古き良き時代の昭和を思い出す光景の数々だった。偶然と必然と運に導かれた甲子園は彼らに何を教えてくれたのだろうか。エピソードの先にある彼らの旅立ちと、未来に乾杯！

最後に取材でお世話になりました高校野球関係者の皆様、金足農関係者の皆様、そしてロングインタビューを快く受けていただいた金足農業高校野球部の嶋崎久美元監督、本当にありがとうございました。感謝をこめて深くお礼申し上げます。

平成30年9月

編集人　阿蘇品　蔵

高校野球番記者有志の会
関口隆哉
手束仁
友成那智
豊島純彦
美山和也

構成 青志社

写真提供 スポーツニッポン新聞社

進行 久保木侑里

金足農　雑草魂の奇跡

2018年10月23日　第1刷発行
2018年10月25日　第2刷発行

著者　　高校野球番記者有志の会
編集人・発行人　　阿蘇品 蔵
発行所　　株式会社青志社

〒107-0052　東京都港区赤坂6-2-14　レオ赤坂ビル4階
（編集・営業）
TEL:03-5574-8511　FAX:03-5574-8512
http://www.seishisha.co.jp/

印刷　製本　　慶昌堂印刷株式会社

ISBN 978-4-86590-072-9 C0095